LIBËR GATIMI ME DIETË MESDHETARE PËR FILLESTARËT 2023

100+ RECETA TË THJESHTA DHE ME SHIJE, PLAN VAKTI 30-DITOR PËR T'JU NDIHMUAR TË KRIJONI SHËNDET TË MIRË

Tefta Shehaj

Të gjitha të drejtat e rezervuara.

Mohim përgjegjësie

Informacioni i përmbajtur në këtë eBook ka për qëllim të shërbejë si një koleksion gjithëpërfshirës i strategjive për të cilat autori i këtij libri elektronik ka bërë kërkime. Përmbledhjet, strategjitë, këshillat dhe truket rekomandohen vetëm nga autori, dhe leximi i këtij libri elektronik nuk do të garantojë që rezultatet e dikujt do të pasqyrojnë saktësisht rezultatet e autorit. Autori i librit elektronik ka bërë të gjitha përpjekjet e arsyeshme për të ofruar informacion aktual dhe të saktë për lexuesit e librit elektronik. Autori dhe bashkëpunëtorët e tij nuk do të mbajnë përgjegjësi për ndonjë gabim ose lëshim të paqëllimshëm që mund të gjendet. Materiali në eBook mund të përfshijë informacione nga palë të treta. Materialet e palëve të treta përmbajnë mendime të shprehura nga pronarët e tyre. Si i tillë, autori i librit elektronik nuk merr përsipër përgjegjësi ose përgjegjësi për ndonjë material ose opinion të palëve të treta.

Libri elektronik është me të drejtë autori © 2022 me të gjitha të drejtat e rezervuara. Është e paligjshme të rishpërndash, kopjosh ose krijosh vepra të prejardhura nga ky eBook tërësisht ose pjesërisht. Asnjë pjesë e këtij raporti nuk mund të riprodhohet ose ritransmetohet në çfarëdolloj riprodhimi ose ritransmetimi në çfarëdo forme pa lejen e shkruar dhe të nënshkruar nga autori.

TABELA E PËRMBAJTJES

TABELA E PËRMBAJTJES 3
PREZANTIMI 7
1. KARKALECA GAMBAS 9
2. VINEGRETTE ME MIDHJE 12
3. SPECAT E MBUSHUR ME ORIZ 15
4. KALAMARË ME ROZMARINË DHE VAJ DJEGËS 18
5. SALLATË TORTELLINI 21
6. SALLATË ME MAKARONA CAPRESE 23
7. BRUSKETA BALSAMIKE 25
8. TOPA PICASH 28
9. SKUQE ME KARKALECA TË FRESKËTA 31
10. DOMATE TË MBUSHURA 34
11. SKUQE ME MERLUC ME KRIPË ME AIOLI 36
12. KROKETA ME KARKALECA DETI 39
13. PATATE TË FRESKËTA ME ERËZA 42
14. KAFSHIMET E GOCËS DHE PROSHUTËS 45
15. PATËLLXHANË ME MJALTË 48
16. SUXHUK I GATUAR NË MUSHT 51
17. PIKAT E PASTË PULE ITALIANE 53
18. QEBAP VIÇI SPANJOLL 55
19. PËRZIERJE KROKANTE E KOKOSHKAVE ITALIANE 58
20. TOPA ARANCINI 61
21. MANÇEGO ME KONSERVË PORTOKALLI 65
22. NACHOS ITALIAN 68
23. PINTXO PULE 71
24. MBËSHTJELLËSE VIÇI ITALIANE 73
25. PËRMBLEDHJE ME PEPPERONI ITALIANE 76

26. Oriz italian spanjoll 79
27. Italian Twist Paella 82
28. Sallatë me patate spanjolle 86
29. Carbonara spanjolle 89
30. Qofte në salcë domate 92
31. Supë me fasule të bardhë 95
32. Supë peshku 98
33. Krem spanjoll portokalli-limon 101
34. Pjepri i dehur 103
35. Sherbeti i bajames 105
36. Torte me mollë spanjolle 108
37. Krem karamel 112
38. Tortë me djathë spanjolle 115
39. Krem i skuqur spanjoll 118
40. Byrek me angjinare italiane 121
41. Pjeshkë të pjekura italiane 124
42. Tortë italiane pikante me kumbulla me kumbulla 127
43. Makarona e Fagioli 130
44. Çorbë me qofte dhe Tortelini 133
45. Marsala pule 136
46. Pulë me çedër me hudhër 139
47. Pulë Fettuccini Alfredo 142
48. Ziti me sallam 145
49. Suxhuk dhe speca 148
50. Lasagna Saucy 151
51. Darka Diavolo me fruta deti 155
52. Linguine dhe karkaleca Scampi 158
53. Karkaleca me salcë kremi Pesto 161
54. Supë me peshk dhe Chorizo 164
55. Affogato 167
56. Salcë Tahini 169

57. Salcë kosi me hudhër 171
58. Salcë avokado-kos 173
59. Salcë Tahini-Kos 175
60. Anchoïade 177
61. Pesto borziloku 180
62. Harisa 183
63. Rose Harissa 185
64. Limonët e konservuar 187
65. Rrepat turshi rozë 190
66. Qepë turshi të shpejtë 193
67. Ratatouille spanjolle 195
68. Merak me fasule dhe Chorizo 198
69. Gazpaço 201
70. Kallamar dhe oriz 204
71. Zierje lepuri në domate 207
72. Karkaleca me kopër 210
73. Sallatë krokante me angjinare me vinaigrette limoni 213
74. Sallatë me karrota dhe salmon të tymosur 216
75. Sallatë panxhar me kos me erëza dhe lakërishtë 219
76. Fattoush me kungulleshka dhe mollë 222
77. Panzanella me fyell 226
78. Sallatë me perime të copëtuara dhe fruta me gurë 230
79. Sallatë majdanoz-kastravec me feta 233
80. Sallatë trefishe bizele 236
81. Sallatë me patate të ëmbël me bajame 240
82. Horiatiki Salata 243
83. Sallatë Feta, Jicama dhe Domate 246
84. Sallatë me kunguj Pattypan të pjekur 249
85. Panna Cotta me çokollatë 253
86. Galette Cheesy me Salami 255
87. Tiramisu 258

88. Byrek kremoz Ricotta 261
89. Biskota Anisette 264
90. Panna Cotta 267
91. Flan karamel 270
92. Kremi katalanas 272
93. Karamele me arra spanjolle 275
94. Puding me mjaltë 277
95. Torte qepe spanjolle 280
96. Sufle tigani spanjoll 283
97. Semifreddo mjaltë e ngrirë 285
98. Zabaglione 288
99. Qepë sumaku 291
100. Zhug i gjelbër 293

PËRFUNDIM **295**

PREZANTIMI

100+ receta të lehta dhe me shije, plan vaktesh 30-ditore për t'ju ndihmuar të ndërtoni zakone të shëndetshme.

✓Po kërkoni një libër gatimi që shkurton kaloritë dhe ndërton zakone të shëndetshme të të ngrënit pa sakrifikuar shijen?

✓Po kërkoni një dietë për çdo nevojë: Humbje peshe, shëndet të zemrës, shëndet të trurit, jetëgjatësi dhe zorrë të shëndetshme?

✓Keni nevojë për një plan diete të përsosur 30-ditore për t'ju ndihmuar të merrni me lehtësi një dietë të shijshme dhe të shëndetshme pa pasur nevojë të mendoni se çfarë të hani më pas?

Atëherë ky Libër Gatimi për Dieta Mesdhetare do të jetë i përsosur për ju, miqësor si për fillestarët ashtu edhe për përdoruesit e avancuar, udhëzuesi i besueshëm për gatimin dhe të ngrënit në mënyrën mesdhetare, me një ekuilibër të përsosur të perimeve, drithërave, frutave, proteinave me cilësi të lartë, porcioneve bujare të vajit të ullirit. , dhe servirje të rastësishme të mishit dhe peshkut.

<u>Ja çfarë do të gjeni në këtë udhëzues gjithëpërfshirës</u>:

Bazat e dietës mesdhetare. Mësoni më shumë rreth asaj se çfarë është dieta mesdhetare, parimet themelore që duhen ndjekur dhe se si ajo ofron udhëzime të shëndetshme për humbje të qëndrueshme në peshë dhe vendosjen e zakoneve të shëndetshme të të ushqyerit.

Receta të shpejta dhe të lehta. Do të gjeni një shumëllojshmëri të pafundme recetash të shpejta dhe të lehta të ndara në kategori dhe të zbukuruara me informacione të dobishme si vlerat ushqyese, koha e përgatitjes dhe gatimi, të dizajnuara për të kënaqur shijet dhe për të promovuar mirëqenien.

Një plan diete 30-ditore. Një plan vakteshme mesdhetare 30-ditor i lehtë për t'u ndjekur për t'ju nisur, me lista gjithëpërfshirëse të blerjeve dhe ushqimeve, si dhe këshilla për krijimin e menuve tuaja.

Recetat nga kategori të ndryshme mund të kombinohen në një plan vakt ditor 100-ditor jo të përsëritur:

- Receta për mëngjes
- Peshku dhe frutat e detit
- Rryma me perime dhe receta pa mish
- Fasule, drithëra dhe makarona
- Fruta, ëmbëlsira dhe ushqime
- Anët, Sallatat dhe Supat
- Shpendët dhe Mishrat.

1. gambas karkalecash

Shërben 6

Përbërësit:

- 1/2 filxhan vaj ulliri
- Lëng nga 1 limon
- 2 lugë çaji kripë deti
- 24 karkaleca të mesme të mëdha, në guaskë me kokë të paprekur

Drejtimet:

a) Në një tas përzieni, bashkoni vajin e ullirit, lëngun e limonit dhe kripën dhe përzieni derisa të kombinohen plotësisht. Për të lyer lehtë karkalecat, zhyteni në përzierje për disa sekonda.

b) Në një tigan të thatë, ngrohni vajin në nxehtësi të lartë. Duke punuar në tufa, shtoni karkaleca në një shtresë të vetme pa e mbushur tiganin kur është shumë i nxehtë. 1 minutë zierje

c) Ulni nxehtësinë në mesatare dhe gatuajeni për një minutë shtesë. Rriteni nxehtësinë në të lartë dhe skuqni karkalecat për 2 minuta të tjera, ose derisa të marrin ngjyrë të artë.

d) Mbani karkaleca të ngrohta në një furrë të ulët në një pjatë kundër furrës.

e) Gatuani karkalecat e mbetura në të njëjtën mënyrë.

2. Vinegrette me midhje

Shërbimet: Bën 30 tapas

Përbërësit:

- 2 1/2 duzinë midhje, të pastruara dhe mjekra të hequra Marule e grirë
- 2 lugë qepë jeshile të grirë
- 2 lugë piper jeshil i grirë
- 2 lugë piper të kuq të grirë
- 1 lugë majdanoz të grirë
- 4 lugë vaj ulliri
- 2 lugë uthull ose lëng limoni
- Hidh salcë me piper të kuq
- Kripë për shije

Drejtimet:

a) Ziejini midhjet me avull.

b) I vendosim në një tenxhere të madhe me ujë. Mbulojeni dhe ziejini në zjarr të fortë, duke e trazuar herë pas here tiganin, derisa lëvozhgat të hapen. Hiqni midhjet nga zjarri dhe hidhni ato që nuk hapen.

c) Midhjet mund të ngrohen edhe në mikrovalë për t'i hapur ato. I lani në mikrovalë për një minutë me fuqinë maksimale në një tas të sigurt për mikrovalë, pjesërisht të mbuluar.

d) E vendosim në mikrovalë edhe për një minutë pasi e përziejmë. Hiqni midhjet që janë hapur dhe ziejini për një minutë në mikrovalë. Hiqini edhe një herë ato që janë hapur.

e) Hiqni dhe hidhni lëvozhgat e zbrazëta pasi të jenë mjaft të ftohta për t'u trajtuar.

f) Në një tabaka për servirje, vendosni midhjet në një shtrat me marule të grira pak përpara se t'i shërbeni.

g) Bashkoni qepën, specat jeshil dhe të kuq, majdanozin, vajin dhe uthullën në një enë për përzierje.

h) Salcë me kripë dhe piper të kuq për shije. Mbushni lëvozhgat e midhjeve me masën përgjysmë.

3. Specat e mbushur me oriz

Serbimet: 4

Përbërësit:

- 1 paund 2 oz. Oriz spanjoll me kokërr të shkurtër, si Bomba ose Calasparra
- 2-3 lugë vaj ulliri
- 4 speca të kuq të mëdhenj
- 1 piper i kuq i vogël, i grirë
- 1/2 qepë, e copëtuar
- 1/2 domate, e pastruar me lëkurë dhe e prerë
- 5 oz. mish derri i grirë / i copëtuar ose 3 oz. merluc kripë
- Shafrani
- Majdanoz i freskët i grirë
- Kripë

Drejtimet:

a) Fërkoni membranat e brendshme me një lugë çaji pasi të keni prerë skajet e kërcellit të specave dhe t'i ruani si kapak për t'i rifutur më vonë.

b) Ngroheni vajin dhe kaurdisni butësisht specin e kuq derisa të jetë i butë.

c) Skuqni qepën derisa të zbutet, më pas shtoni mishin dhe skuqeni lehtë, duke shtuar domaten pas disa minutash, më pas shtoni specin e zier, orizin e papërpunuar, shafranin dhe majdanozin. I rregullojmë me kripë për shije.

d) Mbushim me kujdes specat dhe i vendosim anash në një enë kundër furrës duke pasur kujdes që të mos derdhet mbushja.

e) Gatuani gjellën në furrë të nxehtë për rreth 1 1/2 orë të mbuluar.

f) Orizi gatuhet në lëngjet e domates dhe piperit.

4. Kalamari me rozmarinë dhe vaj djegës

Serbimet: 4

Përbërësit:

- Vaj ulliri ekstra i virgjer
- 1 tufë rozmarinë të freskët
- 2 speca djegës të plotë të kuq, të pastruara dhe të grira hollë 150 ml krem të vetëm
- 3 te verdha veze
- 2 lugë djathë parmixhano të grirë
- 2 lugë miell i thjeshtë
- Kripë dhe piper i zi i freskët i bluar
- 1 thelpi hudhër, të qëruar dhe të shtypur
- 1 lugë çaji rigon të thatë
- Vaj vegjetal për tiganisje të thellë
- 6 Kallamar, të pastruar dhe të prerë në unaza
- Kripë

Drejtimet:

a) Për të bërë salcë, ngrohni vajin e ullirit në një tenxhere të vogël dhe përzieni rozmarinë dhe djegësin. Hiqeni nga ekuacioni.

b) Në një tas të madh përziejini së bashku kremin, të verdhat e vezëve, djathin parmixhano, miellin, hudhrën dhe rigonin. Përziejini derisa masa të jetë e qetë. I rregullojmë me piper të zi, të sapo bluar.

c) Ngrohni vajin në 200°C për tiganisje të thellë, ose derisa një kub bukë të skuqet në 30 sekonda.

d) Zhytini unazat e kallamarëve, një nga një, në brumë dhe vendosini me kujdes në vaj. Gatuani deri në kafe të artë, rreth 2-3 minuta.

e) I kullojme ne leter kuzhine dhe e sherbejme menjehere me salcen e derdhur siper. Nëse është e nevojshme, rregulloni me kripë.

5. Sallatë Tortellini

Serbimet: 8

Përbërësit:

- 1 pako tortelini djathi me tre ngjyra
- ½ filxhan piperoni të prerë në kubikë
- ¼ filxhan qepë të prera në feta
- 1 spec jeshil i prerë në kubikë
- 1 filxhan domate qershi të përgjysmuara
- 1¼ filxhani ullinj Kalamata të prera në feta
- ¾ filxhan zemrat e grira të marinuara të angjinares 6 oz. djathë mocarela e prerë në kubikë 1/3 filxhani salcë italiane

Drejtimet:

a) Gatuani tortelinat sipas udhëzimeve të paketimit, më pas kullojini.

b) Hidhni tortelinët me përbërësit e mbetur, duke përjashtuar salcë, në një tas të madh përzierjeje.

c) Hidhni salcën sipër.

d) Lëreni mënjanë për 2 orë që të ftohet.

6. Sallatë me makarona Caprese

Serbimet: 8

Përbërësit:

- 2 gota makarona pene të gatuara
- 1 filxhan pesto
- 2 domate të grira
- 1 filxhan djathë mocarela të prerë në kubikë
- Kripë dhe piper për shije
- 1/8 lugë çaji rigon
- 2 lugë çaji uthull vere të kuqe

Drejtimet:

a) Gatuani makaronat sipas udhëzimeve të paketimit, e cila duhet të zgjasë rreth 12 minuta. Kullojeni.

b) Në një tas të madh përzierjeje, bashkoni makaronat, peston, domatet dhe djathin; rregulloni me kripë, piper dhe rigon.

c) Sipër hidhni uthull të verës së kuqe.

d) Lëreni mënjanë për 1 orë në frigorifer.

7. Brusketa balsamike

Serbimet: 8

Përbërësit:

- 1 filxhan domate rome të pastruara dhe të prera në kubikë
- ¼ filxhan borzilok të grirë
- ½ filxhan djathë pecorino i grirë
- 1 thelpi hudhër të grirë
- 1 luge uthull balsamike
- 1 lugë çaji vaj ulliri
- Kripë dhe piper për shije – kujdes, pasi djathi është disi i kripur më vete.
- 1 copë bukë franceze
- 3 lugë vaj ulliri
- ¼ lugë çaji pluhur hudhër
- ¼ lugë çaji borzilok

Drejtimet:

a) Në një pjatë për përzierje, bashkoni domatet, borzilokun, djathin pecorino dhe hudhrën.

b) Në një tas të vogël përzierjeje, përzieni uthullën dhe 1 lugë gjelle vaj ulliri; vendos mënjanë. c) I spërkasim fetat e bukës me vaj ulliri, hudhër pluhur dhe borzilok.

c) Vendoseni në një tavë pjekjeje dhe skuqeni për 5 minuta në 350 gradë.

d) Nxirreni nga furra. Më pas shtoni sipër përzierjen e domates dhe djathit.

e) Nëse është e nevojshme, rregulloni me kripë dhe piper.

f) Shërbejeni menjëherë.

8. Topa picash

Serbimet: 10

Përbërësit:

- 1 paund sallam i grirë
- 2 gota përzierje Bisquick
- 1 qepë e grirë
- 3 thelpinj hudhre te grira
- ¾ lugë çaji erëza italiane
- 2 gota djathë mocarela e grirë
- 1 ½ filxhan salcë pice - e ndarë
- ¼ filxhan djathë parmixhano

Drejtimet:

a) Ngroheni furrën në 400 gradë Fahrenheit.

b) Përgatitni një fletë pjekjeje duke e spërkatur me llak gatimi që nuk ngjit.

c) Përziejini së bashku salsiçen, përzierjen Bisquick, qepën, hudhrën, erëzat italiane, djathin mocarela dhe 12 filxhanë salcë pice në një tas.

d) Pas kësaj, shtoni ujë të mjaftueshëm për ta bërë të punueshme.

e) Rrokullisni brumin në topa 1 inç.

f) Hidhni djathin parmixhano mbi topat e picës.

g) Pas kësaj, vendosni topthat në fletën e pjekjes që keni përgatitur.

h) Ngroheni furrën në 350°F dhe piqni për 20 minuta.

i) Shërbejeni me salcën e mbetur të picës anash për zhytje.

9. Skuqje karkalecash të freskëta

Shërben 6

Përbërësit:

- ½ kile karkaleca të vogla, të qëruara
- 1½ filxhan qiqra ose miell i rregullt
- 1 lugë gjelle majdanoz të freskët të copëtuar me gjethe të sheshta
- 3 qepë, pjesa e bardhë dhe pak nga majat e gjelbra të buta, të grira hollë
- ½ lugë çaji paprika e ëmbël/pimenton
- Kripë
- Vaj ulliri për tiganisje të thellë

Drejtimet:

a) Gatuani karkalecat në një tenxhere me ujë të mjaftueshëm sa t'i mbulojë dhe lërini të ziejnë në zjarr të fortë.

b) Në një tas ose përpunues ushqimi, kombinoni miellin, majdanozin, qepën dhe pimentonin për të prodhuar brumin. Shtoni ujin e zierjes së ftohur dhe pak kripë.

c) Përziejini ose përpunoni derisa të keni një strukturë që është pak më e trashë se brumi i petullave. Lëreni në frigorifer për 1 orë pasi ta mbuloni.

d) Hiqini karkalecat nga frigoriferi dhe grijini imët. Grirat e kafesë duhet të jenë sa madhësia e copave.

e) Hiqeni brumin nga frigoriferi dhe përzieni karkalecat.

f) Në një tigan të rëndë, derdhni vajin e ullirit në një thellësi prej rreth 1 inç dhe ngroheni mbi nxehtësi të lartë derisa praktikisht të tymoset.

g) Për çdo skuqje, derdhni 1 lugë gjelle brumë në vaj dhe rrafshoni brumin me pjesën e pasme të një luge në një diametër rrethor 3 1/2 inç.

h) Skuqini për rreth 1 minutë nga secila anë, duke e rrotulluar një herë, ose derisa skuqjet të jenë të arta dhe të freskëta.

i) Hiqni skuqjet me një lugë të prerë dhe vendosini në një enë kundër furrës.

j) Shërbejeni menjëherë.

10. Domate të mbushura

Përbërësit:

- 8 domate të vogla, ose 3 të mëdha
- 4 vezë të ziera fort, të ftohura dhe të qëruara
- 6 lugë Aioli ose majonezë
- Kripë dhe piper
- 1 lugë majdanoz, i grirë
- 1 lugë gjelle bukë të bardhë, nëse përdorni domate të mëdha

Drejtimet:

a) Zhytni domatet në një legen me ujë të ftohtë ose jashtëzakonisht të ftohtë pasi t'i hiqni lëkurën në një tigan me ujë të valë për 10 sekonda.

b) Prisni majat e domateve. Duke përdorur një lugë çaji ose një thikë të vogël, të mprehtë, kruani farat dhe të brendshmet.

c) Grini vezët me Aioli (ose majonezë, nëse përdorni), kripë, piper dhe majdanoz në një tas për përzierje.

d) Mbushni domatet me mbushjen duke i shtypur fort. Zëvendësoni kapakët në një kënd të këndshëm në domatet e vogla.

e) Mbushni domatet deri në majë, duke i shtypur fort derisa të rrafshohen. Lëreni në frigorifer për 1 orë përpara se ta prisni në unaza duke përdorur një thikë të mprehtë gdhendjeje.

f) Dekoroni me majdanoz.

11. Skuqe me merluc me kripë me Aioli

Shërben 6

Përbërësit:

- 1 £ merluc kripë, njomur
- 3 1/2 oz. bukë të thatë të bardhë
- 1/4 £ patate me miell
- Vaj ulliri, për skuqje të cekët
- 1/4 filxhan qumësht
- Copa limoni dhe gjethe sallate, për t'u shërbyer
- 6 qepë të grira hollë
- Aioli

Drejtimet:

a) Në një tigan me ujë të vluar pak të kripur, gatuajini patatet, të paqëruara, për rreth 20 minuta ose derisa të zbuten. Kullojeni.

b) Qëroni patatet sapo të jenë mjaft të ftohta për t'i trajtuar, më pas grijini me një pirun ose një grirëse patate.

c) Në një tenxhere, bashkoni qumështin dhe gjysmën e qepëve dhe lërini të ziejnë. Shtoni merlucin e njomjes dhe ziejini për 10-15 minuta, ose derisa të skuqet lehtë. Hiqeni merlucin nga tigani dhe qiteni në një tas me pirun, duke hequr kockat dhe lëkurën.

d) Hidhni në të 4 lugë pure patate me merlucin dhe përzieni me një lugë druri.

e) Punojeni në vaj ulliri, më pas shtoni gradualisht purenë e mbetur të patateve. Kombinoni qepët e mbetura dhe majdanozin në një tas.

f) Për shije, sezoni me lëng limoni dhe piper.

g) Në një tas të veçantë, rrihni një vezë derisa të përzihet mirë, më pas ftoheni derisa të ngurtësohet.

h) Rrotulloni përzierjen e peshkut të ftohtë në 12-18 topa, më pas rrafshoni butësisht në ëmbëlsira të vogla të rrumbullakëta.

i) Secila duhet të hidhet në miell fillimisht, pastaj të zhytet në vezën e mbetur të rrahur dhe të përfundojë me thërrime buke të thata.

j) Lëreni në frigorifer derisa të jeni gati për të skuqur.

k) Në një tigan të madh dhe të rëndë, ngrohni vajin rreth 3/4 inç. Gatuani skuqjet për rreth 4 minuta mbi nxehtësinë mesatare në të lartë.

l) I kthejmë nga ana tjetër dhe i gatuajmë për 4 minuta të tjera, ose derisa të bëhen të freskëta dhe të arta nga ana tjetër.

m) Kullojeni në peshqir letre përpara se ta shërbeni me Aioli, copa limoni dhe gjethe sallate.

12. Kroketa me karkaleca deti

Bën rreth 36 njësi

Përbërësit:

- 3 1/2 oz. gjalpë
- 4 oz. miell i thjeshtë
- 1 1/4 linte qumësht të ftohtë
- Kripë dhe piper
- 14 oz. karkalecat e gatuara të qëruara, të prera në kubikë
- 2 lugë çaji pure domate
- 5 ose 6 lugë bukë të imët
- 2 vezë të mëdha, të rrahura
- Vaj ulliri për tiganisje të thellë

Drejtimet:

a) Në një tenxhere mesatare shkrini gjalpin dhe shtoni miellin duke e përzier vazhdimisht.

b) Hidhni ngadalë qumështin e ftohur, duke e përzier vazhdimisht, derisa të keni një salcë të trashë dhe të lëmuar.

c) Shtoni karkalecat, rregulloni bujarisht me kripë dhe piper, më pas shtoni pastën e domates. Gatuani edhe për 7 deri në 8 minuta të tjera.

d) Merrni një lugë gjelle të pakët me përbërësit dhe rrotullojeni në një kroketë cilindër 1 1/2 - 2 inç.

e) Kroket rrotullohen në thërrime buke, më pas në vezën e rrahur dhe së fundi në thërrimet e bukës.

f) Në një tigan të madh me fund të rëndë, ngrohni vajin për skuqje të thellë derisa të arrijë 350°F ose një kub bukë të marrë ngjyrë kafe të artë në 20-30 sekonda.

g) Skuqini për rreth 5 minuta në tufa jo më shumë se 3 ose 4 deri në kafe të artë.

h) Me një lugë të prerë, hiqni pulën, kullojeni në letër kuzhine dhe shërbejeni menjëherë.

13. Patate të freskëta me erëza

Shërben: 4

Përbërësit:

- 3 lugë vaj ulliri
- 4 patate Ruset, të qëruara dhe të prera në kubikë
- 2 lugë qepë të grirë
- 2 thelpinj hudhre, te grira
- Kripë dhe piper i zi i sapo bluar
- 1 1/2 lugë paprika spanjolle
- 1/4 lugë çaji salcë Tabasco
- 1/4 lugë çaji trumzë e bluar
- 1/2 filxhan ketchup
- 1/2 filxhan majonezë
- Majdanoz i grirë, për zbukurim
- 1 filxhan vaj ulliri, për tiganisje

Drejtimet:

Salca brava:

a) Ngrohni 3 lugë gjelle vaj ulliri në një tenxhere mbi nxehtësinë mesatare. Kaurdisni qepën dhe hudhrën derisa qepa të zbutet.

b) Hiqeni tiganin nga zjarri dhe hidhni paprikën, salcën Tabasco dhe trumzën.

c) Në një tas, kombinoni ketchup-in dhe majonezën.

d) Për shije, rregulloni me kripë dhe piper. Hiqeni nga ekuacioni.

Patatet:

e) I rregullojmë lehtë patatet me kripë dhe piper të zi.

f) Skuqini patatet në 1 filxhan (8 fl. oz.) vaj ulliri në një tigan të madh derisa të marrin ngjyrë kafe të artë dhe të gatuhen, duke i hedhur herë pas here.

g) Kullojini patatet në peshqir letre, shijoni ato dhe nëse është e nevojshme, i rregulloni me kripë shtesë.

h) Për t'i mbajtur patatet të freskëta, kombinoni ato me salcën menjëherë përpara se t'i shërbeni.

i) Shërbejeni të ngrohtë, të zbukuruar me majdanoz të grirë.

14. Kafshimet e gocës dhe proshutës

Serbimet: 8

Përbërësit:

- ½ filxhan proshuto të prera hollë
- 3 lugë krem djathi
- 1 paund fiston
- 3 lugë vaj ulliri
- 3 thelpinj hudhre te grira
- 3 lugë djathë parmixhano
- Kripë dhe piper për shije – kujdes, pasi proshuta do të jetë e kripur

Drejtimet:

a) Aplikoni një shtresë të vogël krem djathi në secilën fetë proshuto.

b) Më pas, mbështillni një fetë proshuto rreth secilit fiston dhe sigurojeni me një kruese dhëmbësh.

c) Në një tigan ngrohni vajin e ullirit.

d) Gatuani hudhrën për 2 minuta në një tigan.

e) Shtoni fiston të mbështjellë në letër dhe ziejini për 2 minuta nga secila anë.

f) Sipër lyeni djathin parmixhano.

g) Shtoni kripë dhe piper sipas dëshirës.

h) Shtrydheni lëngun e tepërt me një peshqir letre.

15. Patëllxhanë me mjaltë

Serbimet: 2

Përbërësit:

- 3 lugë mjaltë
- 3 patëllxhanë
- 2 gota qumësht
- 1 lugë gjelle kripë
- 1 lugë gjelle piper
- 100 g miell
- 4 lugë vaj ulliri

Drejtimet:

a) Pritini në feta hollë patëllxhanin.

b) Ne nje ene perzierje bashkojme patellxhanet. Hidhni qumësht në legen për të mbuluar plotësisht patëllxhanët. Sezoni me një majë kripë.

c) Lëreni të paktën një orë të njomet.

d) Nxjerrim patëllxhanët nga qumështi dhe i lëmë mënjanë. Duke përdorur miell, lyeni çdo fetë. Lyejeni me një përzierje kripë-piper.

e) Në një tigan ngrohni vajin e ullirit. Skuqini thellë fetat e patëllxhanit në 180 gradë C.

f) Vendosni patëllxhanët e skuqur në peshqir letre që të thithin vajin e tepërt.

g) Lyejini patëllxhanët me mjaltë.

h) Shërbejeni.

16. Suxhuk i gatuar në musht

Serbimet: 3

Përbërësit:

- 2 gota musht molle
- 8 salsiçe chorizo
- 1 luge vaj ulliri

Drejtimet:

a) Pritini chorizo-n në feta të holla.

b) Në një tigan ngrohni vajin. Ngroheni furrën në mesatare.

c) Hidheni në chorizo. Skuqini derisa të ndryshojë ngjyra e ushqimit.

d) Hidhni mushtin. Gatuani për 10 minuta, ose derisa salca të jetë trashur disi.

e) Me këtë pjatë duhet të shërbehet buka.

f) Shijoje!!!

17. Kafshimet e pastë pule italiane

Serbimet: 8 tufa

Përbërës

- 1 kanaçe Roll Crecent (8 role)
- 1 filxhan pulë të grirë, të zier
- 1 lugë gjelle salcë spageti
- ½ lugë çaji hudhër të grirë
- 1 lugë gjelle djathë mocarela

Drejtimet:

a) Ngroheni furrën në 350 gradë Fahrenheit. Kombinoni pulën, salcën dhe hudhrën në një tigan dhe gatuajeni derisa të nxehet.

b) Trekëndësha të bëra nga rrotulla të veçanta gjysmëhënës. Shpërndani përzierjen e pulës në qendër të çdo trekëndëshi.

c) Nëse dëshironi, shpërndani djathin në një mënyrë të ngjashme.

d) Mblidhni anët e rrotullës së bashku dhe mbështilleni rreth pulës.

e) Në një gur pjekjeje, piqni për 15 minuta, ose derisa të marrin ngjyrë të artë.

18. Qebap viçi spanjoll

Porcionet: 4 racione

Përbërës

- ½ filxhan lëng portokalli
- ¼ filxhan lëng domate
- 2 lugë çaji vaj ulliri
- 1½ lugë çaji lëng limoni
- 1 lugë çaji rigon i tharë
- ½ lugë çaji paprika
- ½ lugë çaji Qimnon, i bluar
- ¼ lugë çaji kripë
- ¼ lugë çaji Piper, i zi
- 10 ons viçi pa dhjamë pa kocka; prerë në kube 2".
- 1 qepë e kuqe mesatare; prerë në 8 feta
- 8 çdo domate Cherry

Drejtimet:

a) Për të bërë marinadën, kombinoni lëngun e portokallit dhe domateve, vajin, lëngun e limonit, rigonin, paprikën, qimnonin, kripën dhe piperin në një qese plastike të mbyllur me madhësi gallon.

b) Shtoni kubet e mishit; mbyllni çantën, duke shtypur ajrin; tjerr për të mbuluar viçin.

c) Lëreni në frigorifer për të paktën 2 orë ose gjatë natës, duke e hedhur qesen herë pas here. Duke përdorur llak gatimi që nuk ngjit, lyejeni raftin e skarës.

d) Vendoseni raftin e skarës 5 inç larg qymyrit. Ndiqni udhëzimet e prodhuesit për pjekjen në skarë.

e) Kullojeni biftekun dhe lëreni mënjanë marinadën.

f) Duke përdorur 4 hell metali ose të njomur prej bambuje, fijet në sasi të barabarta viçi, qepë dhe domate.

g) Piqini qebapët në skarë për 15-20 minuta, ose derisa të bëhen sipas dëshirës tuaj, duke i rrotulluar dhe duke i larë shpesh me marinadë të rezervuar.

19. Përzierje krokante e kokoshkave italiane

Servings: 10 Servings

Përbërës

- 10 gota kokoshka të grira; 3,5 oz., qese me mikrovalë është kjo sasi
- 3 gota ushqime me misër në formë bugle
- ¼ filxhan margarinë ose gjalpë
- 1 lugë çaji erëza italiane
- ½ lugë çaji pluhur hudhër
- ⅓ filxhan djathë parmixhano

Drejtimet:

a) Në një tas të madh në mikrovalë, kombinoni kokoshka dhe meze të lehtë misri. Në një filxhan mikro-safe, bashkoni përbërësit e mbetur, përveç djathit.

b) Vendoseni në mikrovalë për 1 minutë në LARTË, ose derisa margarina të shkrijë; përziej. Sipër hidhni përzierjen e kokoshkave.

c) Hidheni derisa gjithçka të jetë e veshur në mënyrë të barabartë. Vendoseni në mikrovalë, pa mbuluar, për 2-4 minuta, derisa të skuqet, duke e përzier çdo minutë. Sipër duhet spërkatur djathi parmixhano.

d) Shërbejeni të nxehtë.

20. Topa Arancini

Bën 18

Përbërësit

- 2 luge vaj ulliri
- 15 g gjalpë pa kripë
- 1 qepë e grirë hollë
- 1 thelpi hudhër e madhe, e shtypur
- 350 gr oriz rizoto
- 150 ml verë e bardhë e thatë
- 1.2 l lëng pule ose perimesh të nxehtë
- 150 gr parmixhan i grirë hollë
- 1 limon, të grirë hollë
- 150 gr topth mocarela, të prerë në 18 copa të vogla
- vaj vegjetal, për tiganisje të thellë

Për veshjen

- 150 gr miell i thjeshtë
- 3 vezë të mëdha, të rrahura lehtë
- 150 gr bukë të tharë të imët

Drejtimet:

a) Në një tenxhere ngrohim vajin dhe gjalpin derisa të bëhen shkumë. Shtoni qepën dhe pak kripë dhe ziejini për 15 minuta, ose derisa të zbuten dhe të jenë të tejdukshme, në zjarr të ulët.

b) Ziejini edhe për një minutë pasi të keni shtuar hudhrën.

c) Shtoni orizin dhe ziejini edhe një minutë përpara se të shtoni verën. Lëngun e lini të vlojë dhe gatuajeni derisa të zvogëlohet përgjysmë.

d) Hidhni gjysmën e lëngut dhe vazhdoni të përzieni derisa të përthithet pjesa më e madhe e lëngut.

e) Ndërsa orizi thith lëngun, shtoni lëngun e mbetur nga një lugë, duke e përzier vazhdimisht, derisa orizi të gatuhet.

f) Shtoni parmixhanin dhe lëkuren e limonit dhe i rregulloni me kripë dhe piper sipas shijes. Vendoseni rizoton në një tepsi me buzë dhe lëreni mënjanë të ftohet në temperaturën e dhomës.

g) Ndani rizoton e ftohur në 18 pjesë të barabarta, secila me madhësinë e një topi golfi.

h) Në pëllëmbën tuaj, rrafshoni një top rizoto dhe vendosni një copë mocarela në qendër, më pas mbështillni djathin në oriz dhe formoni atë në një top.

i) Vazhdoni me topat e mbetur të rizotos në të njëjtën mënyrë.

j) Në tre pjata të cekëta, bashkoni miellin, vezët dhe thërrimet e bukës. Çdo top rizoto duhet së pari të lyhet me miell, më pas të zhytet në vezë dhe në fund në thërrimet e bukës. Vendoseni në një pjatë dhe lëreni.

k) Mbushni një tenxhere të madhe me fund të rëndë përgjysmë me vaj vegjetal dhe ngroheni në zjarr mesatar-të ulët derisa termometri gatimi të lexojë 170°C ose një copë bukë të marrë ngjyrë kafe të artë në 45 sekonda.

l) Në tufa, ulni topat e rizotos në vaj dhe skuqini për 8-10 minuta, ose derisa të marrin ngjyrë kafe të artë dhe të shkrihen në qendër.

m) Vendoseni në një tepsi të veshur me një peshqir të pastër kuzhine dhe lëreni mënjanë.

n) I servirim arancinet të ngrohta ose me një salcë domate të thjeshtë për t'i zhytur.

21. Mançego me konservë portokalli

Përbërësit

Bën rreth 4 gota

- 1 kokë hudhër
- 1 1/2 filxhan vaj ulliri, plus më shumë për spërkatje
- Kripë Kosher
- 1 Sevilje ose portokalli kërthizë
- 1/4 filxhan sheqer
- 1 kile djathë i ri Manchego, i prerë në copa 3/4 inç
- 1 lugë rozmarinë e grirë hollë
- 1 lugë trumzë e grirë hollë
- Baguette e thekur

Drejtimet:

a) Ngroheni furrën në 350 gradë Fahrenheit. një çerek inç "Hiqni pjesën e sipërme të llambës së hudhrës dhe vendoseni në një copë fletë metalike. Rregullojeni me kripë dhe spërkatni me vaj.

b) Mbështilleni mirë në letër dhe piqini për 35-40 minuta, ose derisa lëkura të marrë ngjyrë kafe të artë dhe karafili të jetë i butë. Lëreni të ftohet. Shtrydhni karafilat në një legen të madh përzierjeje.

c) Në të njëjtën kohë, pritni 1/4 "Hiqni pjesën e sipërme dhe të poshtme të portokallit dhe në katër katërta për së gjati. Hiqni mishin nga çdo e katërta e lëvozhgës në një pjesë, duke përjashtuar thelbin e bardhë (duke përjashtuar lëvozhgat).

d) Lini mënjanë lëngun e shtrydhur nga mishi në një legen të vogël.

e) Pritini lëvozhgën në copa çerek inç dhe vendoseni në një tenxhere të vogël me ujë të ftohtë të mjaftueshëm sa të mbulohet me një inç. Lëreni të vlojë, pastaj kullojeni; bëjeni këtë edhe dy herë për të hequr qafe hidhërimin.

f) Në një tenxhere bashkoni lëvozhgat e portokallit, sheqerin, lëngun e rezervuar të portokallit dhe 1/2 filxhan ujë.

g) Lëreni të vlojë; zvogëloni nxehtësinë në minimum dhe ziejini, duke e përzier rregullisht, për 20-30 minuta ose derisa lëvozhga të zbutet dhe lëngu të bëhet shurup. Lërini konservat e portokallit të ftohen.

h) Hidhni së bashku konservat e portokallit, Mançegon, rozmarinën, trumzën dhe 1 1/2 filxhan vaj të mbetur në tasin me hudhrat. Lëreni në frigorifer për të paktën 12 orë pas mbulimit.

i) Përpara se ta shërbeni me bukë të thekur, sillni Mançegon e marinuar në temperaturën e dhomës.

22. Nachos italian

Serbimet: 1

Përbërësit

Salca Alfredo

- 1 filxhan gjysem e gjysem
- 1 filxhan krem i rëndë
- 2 lugë gjalpë pa kripë
- 2 thelpinj hudhra te grira
- 1/2 filxhan parmezan
- Kripë dhe piper
- 2 luge miell

Nachos

- Mbështjellës Wonton të prera në trekëndësha
- 1 pulë e gatuar dhe e grirë
- Speca të skuqura
- Djathë Mocarela
- Ullinj
- Majdanoz i grirë
- Djathë parmixhan
- Vaj për tiganisje kikiriku ose canola

Drejtimet:

a) Shtoni gjalpin pa kripë në një tenxhere dhe shkrijeni në zjarr mesatar.

b) Hidhni hudhrën derisa të shkrihet i gjithë gjalpi.

c) Shtoni miellin shpejt dhe përzieni vazhdimisht derisa të grumbullohet dhe të marrë ngjyrë të artë.

d) Në një tas përziejeni kremin e trashë dhe gjysmë e gjysmë.

e) Lëreni të vlojë, më pas uleni në zjarr të ulët dhe gatuajeni për 8-10 minuta, ose derisa të trashet.

f) I rregullojmë me kripë dhe piper.

g) Wontons: Ngrohni vajin në një tigan të madh mbi nxehtësinë mesatare të lartë, rreth 1/3 e rrugës lart.

h) Shtoni wontons një nga një dhe ngrohni derisa të marrin ngjyrë të artë në fund, pastaj kthejeni dhe gatuajeni anën tjetër.

i) Vendosni një peshqir letre mbi kullimin.

j) Ngrohni furrën në 350°F dhe vendosni një fletë pjekjeje me letër pergamene, pasuar nga wontons.

k) Sipër shtoni salcën Alfredo, pulën, specat dhe djathin mocarela.

l) Vendoseni nën broilerin në furrën tuaj për 5-8 minuta, ose derisa djathi të shkrihet plotësisht.

m) E nxjerrim nga furra dhe i hedhim sipër ullinj, parmixhan dhe majdanoz.

23. Pintxo pule

Serbimet 8

Përbërësit

- 1,8 paund kofshë pule pa lëkurë dhe pa kocka të prera në copa 1 inç
- 1 lugë gjelle paprika e tymosur spanjolle
- 1 lugë çaji rigon të tharë
- 2 lugë çaji qimnon të bluar
- 3/4 lugë çaji kripë deti
- 3 thelpinj hudhra te grira
- 3 lugë majdanoz të grirë
- 1/4 filxhan vaj ulliri ekstra të virgjër
- Salcë e kuqe Chimichurri

Drejtimet:

a) Në një legen të madh përzierjeje, bashkoni të gjithë përbërësit dhe hidhini tërësisht që të lyhen copat e pulës. Lëreni të marinohet gjatë natës në frigorifer.

b) Thithni hellet e bambusë për 30 minuta në ujë. Duke përdorur skewers, hell copa pule.

c) Piqeni në skarë për 8-10 minuta, ose derisa të jetë bërë plotësisht.

24. Mbështjellëse italiane të viçit

SHERBIMET 4

Përbërësit

- 1 lugë çaji vaj ulliri
- 1/2 filxhan Piper zile jeshile, i prerë në rripa
- 1/2 filxhan qepë, të prerë në rripa
- 1/2 peperoncini, të prera hollë
- 1/2 lugë çaji erëza italiane
- 8 feta Deli mish viçi italian, 1/8" të trasha
- 8 shkopinj djathi me fije

Drejtimet

a) Në një tigan të mesëm, ngrohni vajin mbi nxehtësinë mesatare. Kombinoni vajin e ullirit dhe katër përbërësit e mëposhtëm në një tas. Gatuani për 3-4 minuta, ose derisa të zbuten.

b) Vendoseni përzierjen në një pjatë dhe lëreni mënjanë për 15 minuta që të ftohet.

c) Si ta bashkoni: Në një dërrasë prerëse, vendosni katër feta viçi italiane. Vendosni 1 fije shkop djathi në qendër të secilës pjesë të mishit, në mënyrë tërthore.

d) Sipër shtoni një pjesë të përzierjes së specit dhe qepës. Palosni njërën anë të fetës së viçit mbi përzierjen e djathit dhe perimeve, më pas mbështilleni, me anën e qepjes poshtë.

e) Mblidhni rrotullat në një pjatë për servirje.

25. Përmbledhje me speca italiane

Shërbim 35

Përbërësit

- 5 tortilla me miell 10" (domate të thara në diell ose miell të bardhë me spinaq)
- 16 oce krem djathi i zbutur
- 2 lugë çaji hudhër të grirë
- 1/2 filxhan salcë kosi
- 1/2 filxhan djathë parmixhano
- 1/2 filxhan djathë italian të grirë ose djathë mocarela
- 2 lugë çaji erëza italiane
- 16 ounces feta piperoni
- 3/4 filxhan speca të verdhë dhe portokalli të grirë hollë
- 1/2 filxhan kërpudha të freskëta të grira hollë

Drejtimet:

a) Në një legen për përzierje rrihni kremin e djathit derisa të jetë homogjen. Kombinoni hudhrën, kosin, djathrat dhe erëzat italiane në një tas. Përziejini derisa gjithçka të përzihet mirë.

b) Përhapeni masën në mënyrë të barabartë midis 5 tortillave me miell. Mbuloni të gjithë tortillan me përzierjen e djathit.

c) Mbi përzierjen e djathit vendosni një shtresë speci.

d) Mbivendosim peperonët me specat dhe kërpudhat e prera në feta të trashë.

e) Rrotulloni fort çdo tortilla dhe mbështilleni me mbështjellës plastik.

f) Lëreni mënjanë për të paktën 2 orë në frigorifer.

26. Oriz italian spanjoll

Serbimet: 6

Përbërësit:

- 1- 28 ons kanaçe me domate italiane të prera në kubikë ose të grimcuar
- 3 filxhanë me çdo lloj oriz të bardhë me kokërr të gjatë të zier në avull të gatuar në paketim
- 3 lugë kanola ose vaj vegjetal
- 1 spec zile të prerë në feta dhe të pastruara
- 2 thelpinj hudhër të freskët të grirë
- 1/2 filxhan verë të kuqe ose perime ose lëng mishi
- 2 lugë majdanoz të freskët të grirë
- 1/2 lugë çaji rigon të thatë dhe borzilok të thatë
- kripë, piper, kajen për shije
- Garnitura: Parmixhan i grirë dhe djathë i përzier Romano
- Gjithashtu, mund të shtoni çdo mbetje të gatuar pa kocka: biftek të prerë në kubikë, bërxolla derri të prera në kubikë, pulë të prerë në kubikë ose të provoni të përdorni qofte të grimcuar ose sallam italian të gatuar në feta.
- Perime opsionale: kungull i njomë në kubikë, kërpudha të prera në feta, karrota të rruara, bizele ose çdo lloj perimesh që preferoni.

Drejtimet:

a) Shtoni vaj ulliri, specat dhe hudhrën në një tigan të madh dhe ziejini për 1 minutë.

b) Shtoni në tigan domatet e prera ose të grimcuara, verën dhe përbërësit e mbetur.

c) Ziejini për 35 minuta, ose më gjatë nëse shtoni më shumë perime.

d) Nëse e përdorni, shtoni ndonjë mish të përgatitur dhe ngroheni në salcë për rreth 5 minuta përpara se të palosni orizin e bardhë të gatuar.

e) Gjithashtu, nëse përdoret, mishi tashmë është gatuar dhe duhet vetëm të ngrohet në salcë.

f) Për ta shërbyer, hidhni salcën në një pjatë me orizin e përzier dhe sipër me djathë të grirë dhe majdanoz të freskët.

27. Italian Twist Paella

Shërben: 4

Përbërësit

- 2 këmbë pule, me lëkurë, të skuqura
- 2 kofshët e pulës, me lëkurë, të skuqura
- 3 copa të mëdha sallamesh italiane, të skuqura dhe më pas të prera në copa 1 inç
- 1 spec të kuq dhe të verdhë, të prerë në rripa dhe të pjekur paraprakisht
- 1 tufë brokolina bebe, të ziera paraprakisht
- 1½ filxhan oriz, një kokërr të shkurtër si karnaroli ose arborio
- 4 gota lëng pule, të ngrohur
- 1 filxhan pure me spec të kuq të pjekur
- ¼ filxhan verë të bardhë të thatë
- 1 qepë mesatare, e prerë në kubikë të mëdhenj
- 4 thelpinj të mëdhenj hudhër, të rruara
- djathë parmixhano i grirë ose romano
- vaj ulliri

Drejtimet:

a) Filloni duke skuqur copat tuaja të pulës në një tigan paella, duke marrë një kore të mirë nga të dyja anët dhe pothuajse duke i gatuar, por jo plotësisht, më pas lërini mënjanë.

b) Fshini çdo vaj shtesë nga tigani, më pas fshijeni vajin e tepërt nga lidhjet e sallamit.

c) Në një tigan të madh, hidhni vaj ulliri, më pas shtoni hudhrën dhe qepën tuaj të rruar dhe skuqini derisa të zbuten dhe të marrin ngjyrë të artë.

d) Shtoni verën dhe lëreni të ziejë për një minutë.

e) Kombinoni të gjithë orizin me gjysmën e puresë me spec të kuq, ose pak më shumë. Hidheni derisa të mbulohet në mënyrë të barabartë, më pas shtypni përzierjen e orizit në fund të tiganit.

f) Shtoni pak djathë të grirë, kripë dhe piper në oriz.

g) Rradhisim copat e sallamit, së bashku me copat e pulës, rreth tepsisë.

h) Rregulloni perimet e mbetura rreth mishit në një mënyrë krijuese.

i) Hidhni sipër me kujdes të 4 gotat me lëng të ngrohtë.

j) Duke përdorur një furçë pastiçerie, lyeni sipër pulës me pure me piper të kuq shtesë për më shumë shije, duke e shpërndarë pak më shumë rreth e rrotull nëse dëshironi.

k) Gatuani në zjarr të ulët, të mbuluar lirshëm me petë, derisa lagështia të ketë avulluar.

l) Ngroheni furrën në 375°F dhe piqni tavën e mbuluar për 15-20 minuta për të siguruar që mishi të jetë gatuar.

m) Vazhdoni të gatuani sipër sobës derisa orizi të zbutet.

n) E gjithë koha duhet të jetë rreth 45 minuta.

o) E lëmë mënjanë për disa minuta që të ftohet.

p) E zbukurojmë me borzilok të freskët dhe majdanoz të grirë.

28. Sallatë spanjolle me patate

Shërben: 4

Përbërësit:

- 3 patate të mesme (16 oz.).
- 1 karotë e madhe (3 oz.), e prerë në kubikë
- 5 lugë bizele të njoma të prera
- 2/3 filxhan (4 oz.) bishtaja
- 1/2 qepë mesatare, të copëtuar
- 1 spec i kuq i vogël zile, i grirë
- 4 tranguj koktej, të prera në feta
- 2 lugë kaperi për bebe
- 12 ullinj të mbushur me açuge
- 1 vezë e zier fort, e prerë në feta të holla 2/3 filxhan (5 fl. oz.) majonezë
- 1 luge gjelle leng limoni
- 1 lugë çaji mustardë Dijon
- Piper i zi i sapo bluar, për shije Majdanoz i freskët i grirë, për zbukurim

Drejtimet:

a) Gatuani patatet dhe karotat në ujë me kripë të lehtë në një tenxhere. Lëreni të ziejë, më pas zvogëloni në zjarr të ulët dhe gatuajeni derisa pothuajse të zbutet.

b) Shtoni bizelet dhe fasulet dhe ziejini, duke i përzier herë pas here, derisa të gjitha perimet të jenë të buta. Kulloni perimet dhe vendosini në një pjatë për t'i shërbyer.

c) Në një tas të madh përzierjeje, kombinoni qepën, piperin, trangujve, kaperin e vogël, ullinjtë e mbushur me açuge dhe copat e vezëve.

d) Kombinoni majonezën, lëngun e limonit dhe mustardën në një tas të veçantë. Hidheni këtë përzierje në pjatën e servirjes dhe përzieni mirë që të mbulohen të gjithë përbërësit. I hedhim një majë kripë dhe piper.

e) E vendosim në frigorifer pasi e zbukurojmë me majdanoz të grirë.

f) Për të përmirësuar shijen e sallatës, lëreni të qëndrojë në temperaturën e dhomës për rreth 1 orë përpara se ta shërbeni.

29. Carbonara spanjolle

Shërben: 2-3

Përbërësit

- 1 korizo i vogël i prerë në kubikë
- 1 thelpi hudhër të grirë imët
- 1 domate e vogël e prerë në kubikë
- 1 kanaçe garbanzos
- erëza të thata: kripë, thekon Kili, rigon, farë kopër, anise
- pimenton (paprika) për vezët
- vaj ulliri ekstra i virgjer
- 2 vezë
- 4-6 oz. makarona
- djathë italian i cilësisë së mirë

Drejtimet:

a) Në një sasi të vogël vaj ulliri, kaurdisni hudhrat, domatet dhe chorizo për disa minuta, më pas shtoni fasulet dhe erëzat e lëngshme dhe të thata. Lëreni të vlojë dhe më pas ulni nxehtësinë në minimum derisa lëngu të zvogëlohet përgjysmë.

b) Ndërkohë vendosim të ziejë ujin e makaronave dhe përgatisim vezët për rrëshqitje në tavën me garbanzos dhe në furrën e parangrohur. Për të shtuar shijen spanjolle, i spërkas me përzierjen e përgatitur të erëzave dhe pimenton.

c) Tani është momenti ideal për të shtuar makaronat në tenxhere ndërkohë që tigani është në furrë dhe uji zien. Të dy duhet të jenë gati në të njëjtin moment.

30. Qofte në salcë domate

Shërben: 4

Përbërësit:

- 2 lugë gjelle vaj ulliri
- 8 oz. mish viçi i bluar
- 1 filxhan (2 oz.) bukë të freskët të bardhë
- 2 lugë djathë Manchego ose Parmixhan të grirë
- 1 lugë gjelle pastë domate
- 3 thelpinj hudhra, të grira mirë
- 2 qepë, të grira mirë
- 2 lugë çaji trumzë të freskët të copëtuar
- 1/2 lugë çaji shafran i Indisë
- Kripë dhe piper, për shije
- 2 gota (16 oz.) domate kumbulle të konservuara, të copëtuara
- 2 luge vere te kuqe
- 2 lugë çaji gjethe borziloku të freskët të copëtuar
- 2 lugë çaji rozmarinë të freskët të copëtuar

Drejtimet:

a) Kombinoni mishin e viçit, thërrimet e bukës, djathin, pastën e domates, hudhrën, qepët, vezën, trumzën, shafranin e Indisë, kripën dhe piperin në një tas.

b) Formoni përzierjen në 12 deri në 15 topa të fortë me duar.

c) Në një tigan ngrohni vajin e ullirit në nxehtësi mesatare në të lartë. Gatuani për disa minuta, ose derisa qoftet të marrin ngjyrë kafe nga të gjitha anët.

d) Në një tas të madh përzierjeje, kombinoni domatet, verën, borzilokun dhe rozmarinën. Gatuani, duke i përzier herë pas here, për rreth 20 minuta, ose derisa qoftet të jenë gati.

e) Kripë dhe piper bujarisht, më pas shërbejeni me rapin të zbardhur, spageti ose bukë.

31. Supë me fasule të bardhë

Serbimet: 4

Përbërësit:

- 1 qepë e grirë
- 2 luge vaj ulliri
- 2 bishta selino të grira
- 3 thelpinj hudhre te grira
- 4 filxhanë fasule kanelini të konservuara
- 4 gota lëng pule
- Kripë dhe piper për shije
- 1 lugë çaji rozmarinë të freskët
- 1 filxhan lule brokoli
- 1 lugë gjelle vaj tartufi
- 3 lugë djathë parmixhano të grirë

Drejtimet:

a) Në një tigan të madh, ngrohni vajin.

b) Ziejini selinon dhe qepën për rreth 5 minuta në një tigan.

c) Shtoni hudhrën dhe përzieni për t'u bashkuar. Gatuani edhe 30 sekonda.

d) Hidhni fasulet, 2 gota lëng pule, rozmarinë, kripë dhe piper, si dhe brokolin.

e) Lëngun e lini të vlojë dhe më pas uleni në zjarr të ulët për 20 minuta.

f) Përzieni supën me blenderin tuaj të dorës derisa të arrijë butësinë e dëshiruar.

g) Ulni zjarrin në minimum dhe spërkatni me vaj tartufi.

h) Hidhni supën në pjata dhe spërkateni me djathë parmixhano përpara se ta shërbeni.

32. Peshku i peshkut

Serbimet: 8

Përbërësit:

- 32 oz. mund të prerë në kubikë domate
- 2 luge vaj ulliri
- ¼ filxhan selino të copëtuar
- ½ filxhan lëng peshku
- ½ filxhan verë të bardhë
- 1 filxhan lëng pikant V8
- 1 spec jeshil i grirë
- 1 qepë e grirë
- 4 thelpinj hudhre te grira
- Kriposni piperin sipas shijes
- 1 lugë çaji erëza italiane
- 2 karota të qëruara dhe të prera në feta
- 2 ½ paund tilapia e prerë
- ½ paund karkaleca të qëruar dhe të deveinuar

Drejtimet:

a) Në tenxheren tuaj të madhe ngrohni fillimisht vajin e ullirit.

b) Gatuani specin zile, qepën dhe selinon për 5 minuta në një tigan të nxehtë.

c) Pas kësaj, shtoni hudhrën. Gatuani për 1 minutë pas kësaj.

d) Në një tas të madh përzierjeje, kombinoni të gjithë përbërësit e mbetur përveç ushqimeve të detit.

e) Ziejeni zierjen për 40 minuta në zjarr të ulët.

f) Shtoni tilapinë dhe karkalecat dhe përziejini që të kombinohen.

g) Ziejini edhe për 5 minuta të tjera.

h) Shijoni dhe rregulloni erëzat përpara se ta shërbeni.

33. Krem spanjoll portokalli-limon

Porcionet: 1 porcione

Përbërës

- 4½ lugë çaji Xhelatinë e thjeshtë
- ½ filxhan lëng portokalli
- ¼ filxhan lëng limoni
- 2 gota qumësht
- 3 vezë të ndara
- ⅔ filxhan Sheqer
- Një majë kripë
- 1 lugë gjelle lëkurë e grirë portokalli

Drejtimet:

a) Përzieni së bashku xhelatinën, lëngun e portokallit dhe lëngun e limonit dhe lëreni mënjanë për 5 minuta.

b) Përvëloni qumështin dhe hidhni të verdhat, sheqerin, kripën dhe lëkurën e portokallit.

c) Gatuani në një kazan të dyfishtë derisa të mbulojë pjesën e pasme të një luge (mbi ujë të nxehtë, jo të vluar).

d) Pas kësaj, shtoni përzierjen e xhelatinës. I ftohtë.

e) Shtoni të bardhat e vezëve të rrahura fort në përzierje.

f) Lëreni në frigorifer derisa të vendoset.

34. Pjepri i dehur

Porcionet: 4 deri në 6 racione

Përbërës

- Për pjatën Një përzgjedhje prej 3 deri në 6 djathëra të ndryshëm spanjollë
- 1 Shishe verë port
- 1 Pjepër, i hequr nga sipër dhe i fshirë

Drejtimet:

a) Një deri në tre ditë para darkës, derdhni portin në pjepër.

b) Ftoheni në frigorifer, të mbuluar me mbështjellës plastik dhe me pjesën e sipërme të zëvendësuar.

c) Hiqeni pjeprin nga frigoriferi dhe hiqni mbështjellësin dhe sipër kur të jeni gati për ta shërbyer.

d) Hiqni portin nga pjepri dhe vendoseni në një tas.

e) Prisni pjeprin në copa pasi të keni hequr lëkurën. Vendosini copat në katër enë të veçanta të ftohta.

f) Shërbejeni në një pjatë anësore me djathërat.

35. Sherbeti i bajames

Porcionet: 1 porcion

Përbërës

- 1 filxhan bajame të zbardhura; i thekur
- 2 gota ujë burimi
- ¾ filxhan Sheqer
- 1 majë kanellë
- 6 lugë shurup misri i lehtë
- 2 lugë Amaretto
- 1 lugë çaji lëvore limoni

Drejtimet:

a) Në një procesor ushqimi, grini bajamet në një pluhur. Në një tenxhere të madhe, bashkoni ujin, sheqerin, shurupin e misrit, pijen, lëkurën dhe kanellën, më pas shtoni arrat e bluara.

b) Në zjarr mesatar përziejmë vazhdimisht derisa sheqeri të tretet dhe masa të vlojë. 2 minuta në një valë

c) Lëreni mënjanë të ftohet Duke përdorur një aparat për akullore, përzieni përzierjen derisa të jetë gjysmë e ngrirë.

d) Nëse nuk keni një prodhues akulloreje, transferojeni përzierjen në një tas inox dhe ngrijeni derisa të forcohet, duke e përzier çdo 2 orë.

36. Torte me mollë spanjolle

Servings: 8 Servings

Përbërës

- ¼ paund gjalpë
- ½ filxhan Sheqer
- 1 E verdhe veze
- 1½ filxhan miell i situr
- 1 dash Kripë
- ⅛ lugë çaji pluhur pjekjeje
- 1 filxhan Qumesht
- ½ lëvozhgë limoni
- 3 Të verdhat e vezëve
- ¼ filxhan Sheqer
- ¼ filxhan miell
- 1½ lugë gjelle Gjalpë
- ¼ filxhan Sheqer
- 1 lugë gjelle lëng limoni
- ½ lugë çaji kanellë
- 4 mollë të qëruara dhe të prera në feta
- Apple; kajsi, ose ndonjë pelte sipas dëshirës

Drejtimet:

a) Ngrohni furrën në 350°F. Bashkoni sheqerin dhe gjalpin në një tas për përzierje. Përziejini së bashku përbërësit e mbetur derisa të formohet një top.

b) Hapeni brumin në një tavë në formë susta ose në një tepsi byreku. Mbajeni në frigorifer derisa të jeni gati për përdorim.

c) Kombinoni lëngun e limonit, kanellën dhe sheqerin në një tas. Hidheni me mollët dhe hidheni në shtresë. Kjo është diçka që mund të bëhet para kohe.

d) Shtoni lëkurën e limonit në qumësht. Lëreni qumështin të vlojë dhe më pas uleni në zjarr të ulët për 10 minuta. Ndërkohë, në një tigan të rëndë, përzieni të verdhat e vezëve dhe sheqerin.

e) Kur qumështi të jetë gati, hidheni ngadalë në masën e të verdhës, duke e trazuar vazhdimisht në zjarr të ulët. Ngadalë përzieni miellin duke e trazuar në zjarr të ulët.

f) Vazhdoni ta përzieni masën derisa të jetë e lëmuar dhe e trashë. E heqim tiganin nga zjarri. Ngadalë përzieni gjalpin derisa të shkrihet.

g) Mbushni koren me kremin. Për të bërë një shtresë të vetme ose të dyfishtë, vendosni mollët sipër. Vendoseni tortën në një furrë me temperaturë 350°F për rreth 1 orë pasi të ketë mbaruar.

h) E heqim dhe e lëmë mënjanë të ftohet. Kur mollët të jenë ftohur mjaftueshëm për t'u trajtuar, ngrohni peltenë e zgjedhjes suaj dhe derdhni sipër sipër.

i) Lëreni peltenë mënjanë të ftohet. Shërbejeni.

37. Krem karamel

Porcionet: 1 porcione

Përbërës

- ½ filxhan sheqer i grimcuar
- 1 lugë çaji Ujë
- 4 të verdha veze ose 3 vezë të plota
- 2 gota qumësht, i përvëluar
- ½ lugë çaji ekstrakt vanilje

Drejtimet:

a) Në një tigan të madh, bashkoni 6 lugë sheqer dhe 1 filxhan ujë. Ngroheni në zjarr të ulët, duke tundur ose rrotulluar herë pas here me një lugë druri për të shmangur djegien, derisa sheqeri të marrë ngjyrë të artë.

b) Hidheni shurupin e karamelit në një enë pjekjeje të cekët (8x8 inç) ose në pjatë byreku sa më shpejt të jetë e mundur. Lëreni të ftohet derisa të forcohet.

c) Ngroheni furrën në 325 gradë Fahrenheit.

d) Ose rrihni të verdhat e vezëve ose të gjitha vezët së bashku. Përzieni qumështin, ekstraktin e vaniljes dhe sheqerin e mbetur derisa të bashkohen plotësisht.

e) Hidhni sipër karamelin e ftohur.

f) Vendoseni enën e pjekjes në një banjë me ujë të nxehtë. Piqni për 1-112 orë, ose derisa qendra të jetë vendosur. E ftohtë, e ftohtë, e ftohtë.

g) Për ta servirur, kthejeni me kujdes në një pjatë servirjeje.

38. cheesecake spanjolle

Porcionet: 10 racione

Përbërës

- 1 paund krem djathi
- 1½ filxhan Sheqer; E grimcuar
- 2 vezë
- ½ lugë çaji kanellë; Tokë
- 1 lugë çaji Lëkurë limoni; I grirë në rende
- ¼ filxhan miell i pazbardhur
- ½ lugë çaji kripë
- 1 x Sheqer pasticerie
- 3 lugë Gjalpë

Drejtimet:

a) Ngroheni furrën në 400 gradë Fahrenheit. Kremi së bashku djathin, 1 lugë gjelle gjalpë dhe sheqerin në një legen të madh përzierjeje. Mos rrah.

b) Shtoni vezët një nga një, duke i rrahur mirë pas çdo shtimi.

c) Kombinoni kanellën, lëkurën e limonit, miellin dhe kripën. Lyejeni tavën me gjalpë me 2 lugët e mbetura gjalpë, duke e përhapur në mënyrë të barabartë me gishtat.

d) Brumin e derdhim në tavën e përgatitur dhe e pjekim në 400 gradë për 12 minuta, më pas e ulim në 350 gradë dhe e pjekim edhe 25 deri në 30 minuta. Thika duhet të jetë pa mbetje.

e) Kur keku të jetë ftohur në temperaturën e dhomës, pudrosni me sheqer ëmbëlsirash.

39. Krem i skuqur spanjoll

Porcionet: 8 racione

Përbërës

- 1 shkop kanelle
- Lëvozhga e 1 limoni
- 3 gota qumësht
- 1 filxhan Sheqer
- 2 lugë niseshte misri
- 2 lugë çaji kanellë
- Miell; për gërmim
- Larja e vezëve
- Vaj ulliri; për tiganisje

Drejtimet:

a) Kombinoni shkopin e kanellës, lëkurën e limonit, 34 filxhanë sheqer dhe 212 gota qumësht në një tenxhere mbi nxehtësinë mesatare.

b) Lëreni të ziejë pak, më pas zvogëloni në zjarr të ulët dhe gatuajeni për 30 minuta. Hiqni lëkurën e limonit dhe shkopin e kanellës. Kombinoni qumështin e mbetur dhe niseshte misri në një legen të vogël përzierjeje.

c) Rrihni mirë. Në një rrjedhë të ngadaltë dhe të qëndrueshme, përzieni përzierjen e niseshtës së misrit në qumështin e nxehtë. Lëreni të vlojë, më pas zvogëloni në zjarr të ulët dhe gatuajeni për 8 minuta, duke e trazuar shpesh. E heqim nga zjarri dhe e hedhim në një enë pjekjeje 8 inç të lyer me gjalpë.

d) Lëreni të ftohet plotësisht. Mbulojeni dhe ftoheni derisa të ftohet plotësisht. Bëni trekëndësha 2 inç nga kremi.

e) Kombinoni 14 gota të mbetura sheqer dhe kanellën në një tas. Përziejini tërësisht. Zhyt trekëndëshat në miell derisa të mbulohen plotësisht.

f) Zhytni çdo trekëndësh në larjen e vezëve dhe pikojini çdo tepricë. I kthejmë kremrat në miell dhe i lyejmë plotësisht.

g) Ngrohni vajin në një tigan të madh në zjarr mesatar. Vendosni trekëndëshat në vajin e nxehtë dhe skuqini për 3 minuta, ose derisa të marrin ngjyrë kafe nga të dyja anët.

h) Hiqeni pulën nga tigani dhe kullojeni në peshqir letre. Hidhni përzierjen e sheqerit me kanellë dhe rregulloni me kripë dhe piper.

i) Vazhdoni me pjesën tjetër të trekëndëshave në të njëjtën mënyrë.

40. Byrek italiane me artichoke

Servings: 8 Servings

Përbërës

- 3 vezë; I rrahur
- 1 3 Oz Paketa krem djathi me qiqra; I zbutur
- ¾ lugë çaji hudhër pluhur
- ¼ lugë çaji Piper
- 1½ filxhan djathë mocarela, qumësht i skremuar pjesërisht; I copëtuar
- 1 filxhan djathë rikota
- ½ filxhan majonezë
- 1 14 Oz Can Artichoke Hearts; E kulluar
- ½ 15 Oz Can Garbanzo Fasule, të Konservuara; E shpëlarë dhe e kulluar
- 1 2 1/4 Oz mund të ullinj me feta; E kulluar
- 1 2 Oz Jar Pimientos; E prerë në kubikë dhe e kulluar
- 2 lugë majdanoz; E prerë
- 1 kore byreku (9 inç); E papjekur
- 2 të vogla domate; I prerë në feta

Drejtimet:

a) Kombinoni vezët, kremin e djathit, hudhrën pluhur dhe piperin në një legen të madh përzierjeje. Kombinoni 1 filxhan djathë mocarela, djathin rikota dhe majonezën në një tas.

b) Përziejini derisa gjithçka të përzihet mirë.

c) Pritini 2 zemra angjinare në gjysmë dhe lërini mënjanë. Prisni pjesën tjetër të zemrave.

d) Hidhni përzierjen e djathit me zemrat e copëtuara, fasulet garbanzo, ullinjtë, pimientos dhe majdanozin. Mbushni lëvozhgën e pastës me përzierjen.

e) Piqeni për 30 minuta në 350 gradë. Sipër duhet spërkatur djathi i mbetur mocarela dhe djathi parmixhan.

f) E pjekim edhe për 15 minuta të tjera ose derisa të jenë vendosur.

g) Lëreni të pushojë për 10 minuta.

h) Sipër, rregulloni feta domate dhe zemrat e angjinares të prera në katër pjesë.

i) Shërbejeni

41. Pjeshkë italiane të pjekura

Porcionet: 1 porcione

Përbërës

- 6 pjeshkë të pjekura
- ⅓ filxhan Sheqer
- 1 filxhan bajame të bluara
- 1 E verdhe veze
- ½ lugë çaji ekstrakt bajame
- 4 lugë Gjalpë
- ¼ filxhan bajame të prera në feta
- Krem i rëndë, sipas dëshirës

Drejtimet:

a) Ngroheni furrën në 350 gradë Fahrenheit. Pjeshkët duhet të shpëlahen, të përgjysmohen dhe të nxirren gropa. Në një përpunues ushqimi, bëni pure 2 nga gjysmat e pjeshkës.

b) Në një pjatë për përzierje, bashkoni purenë, sheqerin, bajamet e bluara, të verdhën e vezës dhe ekstraktin e bajames. Për të bërë një pastë të butë, kombinoni të gjithë përbërësit në një tas.

c) Hidhni mbushjen mbi çdo gjysmë pjeshke dhe vendosni gjysmat e mbushura të pjeshkës në një tepsi të lyer me gjalpë.

d) Spërkateni me bajame të prera në feta dhe lyeni pjeshkët me gjalpin e mbetur përpara se t'i piqni për 45 minuta.

e) Shërbejeni të nxehtë ose të ftohtë, me një anë krem ose akullore.

42. Tortë pikante italiane me kumbulla me kumbulla

Porcionet: 12 racione

Përbërës

- 2 filxhanë italiane të prera dhe të prera në katër pjesë
- Kumbulla kumbulla, të gatuara deri
- E bute dhe e ftohur
- 1 filxhan gjalpë pa kripë, i zbutur
- 1¾ filxhan sheqer të grimcuar
- 4 vezë
- 3 gota miell i situr
- ¼ filxhan gjalpë pa kripë
- ½ kile sheqer pluhur
- 1½ lugë gjelle kakao pa sheqer
- Pini kripë
- 1 lugë çaji kanellë
- ½ lugë çaji karafil të bluar
- ½ lugë çaji Arrëmyshk i bluar
- 2 lugë çaji sodë buke
- ½ filxhan qumësht
- 1 filxhan arra, të grira hollë

- 2 deri në 3 lugë të fortë, të nxehtë
- Kafe
- $\frac{3}{4}$ lugë çaji vanilje

Drejtimet:

a) Ngrohni furrën në 350°F. Lyejeni me gjalpë dhe miell një tavë Bundt 10 inç.

b) Në një legen të madh përzierjeje, kremojeni së bashku gjalpin dhe sheqerin derisa të bëhen të lehta dhe me gëzof.

c) Rrihni vezët një nga një.

d) Kombinoni miellin, erëzat dhe sodën e bukës në një sitës. Në të tretat, shtoni përzierjen e miellit në përzierjen e gjalpit, duke alternuar me qumështin. Rrihni vetëm për të kombinuar përbërësit.

e) Shtoni kumbullat e ziera dhe arrat dhe i përzieni të bashkohen. E kthejmë në tavë të përgatitur dhe e pjekim për 1 orë në furrë 350°F, ose derisa torta të fillojë të tkurret nga anët e tepsisë.

f) Për të bërë kremin e kremës së bashku me gjalpin dhe sheqerin e ëmbëlsirave. Shtoni gradualisht sheqerin dhe pluhurin e kakaos, duke i përzier vazhdimisht derisa të bashkohen plotësisht. Sezoni me kripë.

g) Përzieni një sasi të vogël kafeje në të njëjtën kohë.

h) I rrahim sa të zbehet dhe të zbutet, më pas shtojmë vaniljen dhe dekorojmë tortën.

43. Makarona e Fagioli

Serbimet: 10

Përbërësit:

- 1 ½ £ mish viçi i bluar
- 2 qepë të grira
- ½ lugë çaji thekon piper të kuq
- 3 lugë vaj ulliri
- 4 bishta selino të grira
- 2 thelpinj hudhre te grira
- 5 gota lëng pule
- 1 filxhan salcë domate
- 3 lugë pastë domate
- 2 lugë çaji rigon
- 1 lugë çaji borzilok
- Kripë dhe piper për shije
- 1 15-oz. mund fasule cannelini
- 2 gota makarona të vogla italiane të gatuara

Drejtimet:

a) Në një tenxhere të madhe skuqni mishin për 5 minuta ose derisa të mos jetë më rozë. Hiqeni nga ekuacioni.

b) Në një tigan të madh, ngrohni vajin e ullirit dhe ziejini qepët, selinonë dhe hudhrat për 5 minuta.

c) Shtoni lëngun e mishit, salcën e domates, pastën e domates, kripën, piperin, borzilokun dhe specat e kuq dhe përzieni për t'u kombinuar.

d) Vendosni kapakun në tenxhere. Më pas supa duhet të lihet të piqet për 1 orë.

e) Shtoni mishin dhe gatuajeni edhe për 15 minuta të tjera.

f) Shtoni fasulet dhe përziejini që të bashkohen. Pas kësaj, gatuajeni për 5 minuta në nxehtësi të ulët.

g) Hidhni makaronat e gatuara dhe ziejini për 3 minuta, ose derisa të nxehen.

44. Supë me qofte dhe Tortelini

Serbimet: 6

Përbërësit:

- 2 luge vaj ulliri
- 1 qepë të prerë në kubikë
- 3 thelpinj hudhre te grira
- Kripë dhe piper për shije
- 8 gota lëng pule
- 1 ½ filxhan domate të konservuara të prera në kubikë
- 1 filxhan lakër jeshile të copëtuar
- 1 filxhan bizele të ngrira të shkrira
- 1 lugë çaji borzilok i grimcuar
- 1 lugë çaji rigon
- 1 gjethe dafine
- 1 paund qofte të shkrirë – çdo lloji
- 1 paund tortelini me djathë të freskët
- ¼ filxhan djathë parmixhano të grirë

Drejtimet:

a) Në një tenxhere të madhe ngrohni vajin e ullirit dhe kaurdisni qepën dhe hudhrën për 5 minuta.

b) Në një tenxhere të madhe bashkoni lëngun e pulës, domatet e grira, lakra jeshile, bizelet, borzilokun, rigonin, kripën, piperin dhe gjethen e dafinës.

c) Më pas lëreni lëngun të vlojë. Pas kësaj, gatuajeni për 5 minuta në nxehtësi të ulët.

d) Hiqni gjethen e dafinës dhe hidheni jashtë.

e) Ziejini edhe për 5 minuta të tjera pasi të keni shtuar qoftet dhe tortelinat.

f) E fundit, por jo më pak e rëndësishme, shërbejeni në tasa me djathë të grirë sipër.

45. Marsala pule

Serbimet: 4

Përbërësit:

- ¼ filxhan miell
- Kripë dhe piper për shije
- ½ lugë çaji trumzë
- 4 gjoks pule pa kocka, të grira
- ¼ filxhan gjalpë
- ¼ filxhan vaj ulliri
- 2 thelpinj hudhre te grira
- 1 ½ filxhan kërpudha të prera në feta
- 1 qepë të vogël të prerë në kubikë
- 1 filxhan marsala
- ¼ filxhan gjysmë e gjysmë ose krem i trashë

Drejtimet:

a) Në një tas përzieni, bashkoni miellin, kripën, piperin dhe trumzën.

b) Në një tas të veçantë, gërryeni gjoksin e pulës në përzierje.

c) Në një tigan të madh shkrini gjalpin dhe vajin.

d) Gatuani hudhrën për 3 minuta në një tigan.

e) Hidhni mishin e pulës dhe gatuajeni për 4 minuta nga secila anë.

f) Në një tigan, kombinoni kërpudhat, qepën dhe marsalën.

g) Gatuani pulën për 10 minuta në zjarr të ulët.

h) Transferoni pulën në një pjatë për servirje.

i) Përzieni kremin gjysmë e gjysmë ose të trashë. Më pas, ndërsa gatuani në temperaturë të lartë për 3 minuta, përzieni vazhdimisht.

j) Lyejeni pulën me salcën.

46. Pulë me çedër me hudhër

Serbimet: 8

Përbërësit:

- ¼ filxhan gjalpë
- ¼ filxhan vaj ulliri
- ½ filxhan djathë parmixhano të grirë
- ½ filxhan bukë panko
- ½ filxhan krisur Ritz të grimcuar
- 3 thelpinj hudhre te grira
- 1 ¼ djathë çedër i mprehtë
- ¼ lugë çaji erëza italiane
- Kripë dhe piper për shije
- ¼ filxhan miell
- 8 gjoks pule

Drejtimet:

a) Ngrohni furrën në 350 gradë Fahrenheit.

b) Në një tigan shkrini gjalpin dhe vajin e ullirit dhe ziejini hudhrat për 5 minuta.

c) Në një tas të madh përzierjeje, bashkoni thërrimet e bukës, krisurat e thyera, të dy djathrat, erëzat, kripën dhe piperin.

d) Lyejeni secilën pjesë të pulës në përzierjen e gjalpit/vajit të ullirit sa më shpejt që të jetë e mundur.

e) Hidhni pulën me miell dhe fshijeni në të.

f) Ngrohni furrën në 350°F dhe lyeni pulën me përzierjen e bukës.

g) Vendosni secilën pjesë të pulës në një enë pjekjeje.

h) Hidhni përzierjen e gjalpit/vajit sipër.

i) Ngroheni furrën në 350°F dhe piqni për 30 minuta.

j) Për t'u freskët, vendoseni nën brojler për 2 minuta.

47. Fettuccini pule Alfredo

Serbimet: 8

Përbërësit:

- 1 paund makarona fetuccine
- 6 gjoks pule pa kocka, pa lëkurë, të prera bukur në kubikë ¾ filxhan gjalpë, të ndarë
- 5 thelpinj hudhre te grira
- 1 lugë çaji trumzë
- 1 lugë çaji rigon
- 1 qepë të prerë në kubikë
- 1 filxhan kërpudha të prera në feta
- ½ filxhan miell
- Kripë dhe piper për shije
- 3 gota qumësht të plotë
- 1 filxhan krem të rëndë
- ¼ filxhan djathë grijere të grirë
- ¾ filxhan djathë parmixhano të grirë

Drejtimet:

a) Ngrohni furrën në 350°F dhe gatuajini makaronat sipas udhëzimeve të paketimit, rreth 10 minuta.

b) Në një tigan shkrini 2 lugë gjalpë dhe shtoni kubet e pulës, hudhrën, trumzën dhe rigonin, duke i zier në temperaturë të ulët për 5 minuta ose derisa pula të mos jetë më rozë. Hiq.

c) Në të njëjtën tigan shkrijmë 4 lugët e mbetura gjalpë dhe kaurdisim qepën dhe kërpudhat.

d) Hidhni miellin, kripën dhe piperin për 3 minuta.

e) Shtoni ajkën e trashë dhe qumështin. Përziejini edhe 2 minuta të tjera.

f) Përzieni djathin për 3 minuta në zjarr të ulët.

g) E kthejmë pulën në tigan dhe e rregullojmë sipas shijes.

h) Gatuani për 3 minuta në temperaturë të ulët.

i) Hidhni salcën mbi makaronat.

48. Ziti me sallam

Serbimet: 8

Përbërësit:

- 1 paund sallam italian i grimcuar
- 1 filxhan kërpudha të prera në feta
- ½ filxhan selino të prerë në kubikë
- 1 qepë të prerë në kubikë
- 3 thelpinj hudhre te grira
- 42 oz. salcë spageti të blerë në dyqan ose shtëpi
- Kripë dhe piper për shije
- ½ lugë çaji rigon
- ½ lugë çaji borzilok
- 1 paund makarona ziti të pagatuara
- 1 filxhan djathë mocarela e grirë
- ½ filxhan djathë parmixhano të grirë
- 3 lugë majdanoz të grirë

Drejtimet:

a) Në një tigan skuqim salsiçen, kërpudhat, qepën dhe selinon për 5 minuta.

b) Pas kësaj, shtoni hudhrën. Gatuani edhe 3 minuta të tjera. Hiqeni nga ekuacioni.

c) Shtoni salcën e spagetit, kripën, piperin, rigonin dhe borzilokun në një tigan të veçantë.

d) Ziejeni salcën për 15 minuta.

e) Përgatisni makaronat në një tigan sipas udhëzimeve të paketimit derisa salca të piqet. Kullojeni.

f) Ngrohni furrën në 350 gradë Fahrenheit.

g) Në një enë pjekje vendosim ziti, përzierjen e salsiçeve dhe mocarelën e grirë në dy shtresa.

h) Sipër spërkatni majdanoz dhe djathë parmixhan.

i) Ngrohni furrën në 350°F dhe piqni për 25 minuta.

49. Suxhuk dhe speca

Serbimet: 4

Përbërësit:

- 1 pako spageti
- 1 luge vaj ulliri
- 4 sallame të ëmbla italiane të prera në copa sa një kafshatë
- 2 speca zile të kuqe të prera në rripa.
- 2 speca jeshilë të prerë në rripa
- 2 speca zile portokalli të prera në rripa
- 3 thelpinj hudhre te grira
- 1 lugë çaji erëza italiane
- Kripë dhe piper për shije
- 3 lugë vaj ulliri të virgjër
- 12 oz. domate të konservuara të prera në kubikë
- 3 lugë verë të kuqe
- 1/3 filxhan majdanoz të grirë
- 1/4 filxhan djathë Asiago i grirë

Drejtimet:

a) Gatuani spagetin sipas udhëzimeve të paketimit, që duhet të zgjasë rreth 5 minuta. Kullojeni

b) Në një tigan ngrohni vajin e ullirit dhe skuqni salsiçet për 5 minuta.

c) Vendoseni sallamin në një pjatë për servirje.

d) Në të njëjtën tigan shtoni specat, hudhrat, erëzat italiane, kripën dhe piperin.

e) Hidhni 3 lugë gjelle vaj ulliri mbi specat.

f) Shtoni domatet e prera në kubikë dhe verën dhe përziejini të bashkohen.

g) Skuqeni gjithsej 10 minuta.

h) Rregulloni erëzat duke i hedhur spagetit me specat.

i) Sipër shtoni majdanoz dhe djathë Asiago.

50. Lazanja e ëmbël

Serbimet: 4

Përbërësit:

- 1 ½ paund sallam pikant italian i grimcuar
- 5 gota salcë spageti të blerë në dyqan
- 1 filxhan salcë domate
- 1 lugë çaji erëza italiane
- ½ filxhan verë të kuqe
- 1 luge sheqer
- 1 luge vaj
- 5 doreza hudhre te grira
- 1 qepë të prerë në kubikë
- 1 filxhan djathë mocarela e grirë
- 1 filxhan djathë provolone të grirë
- 2 gota djathë rikota
- 1 filxhan gjize
- 2 vezë të mëdha
- ¼ filxhan qumësht
- 9 petë petë lazanja - të ziera të parfumuara
- ¼ filxhan djathë parmixhano të grirë

Drejtimet:

a) Ngroheni furrën në 375 gradë Fahrenheit.

b) Në një tigan skuqim salsiçen e grirë për 5 minuta. Çdo yndyrë duhet të hidhet.

c) Në një tenxhere të madhe, bashkoni salcën e makaronave, salcën e domates, erëzat italiane, verën e kuqe dhe sheqerin dhe përzieni mirë.

d) Në një tigan ngrohni vajin e ullirit. Më pas kaurdisim hudhrën dhe qepën për 5 minuta.

e) Përfshini salsiçen, hudhrën dhe qepën në salcë.

f) Pas kësaj, mbulojeni tenxheren dhe lëreni të ziejë për 45 minuta.

g) Në një pjatë përzierje bashkojmë djathrat mocarela dhe provolone.

h) Në një tas të veçantë, kombinoni rikotën, gjizën, vezët dhe qumështin.

i) Në një enë pjekjeje 9 x 13, hidhni 12 filxhanë salcë në fund të enës.

j) Tani rregulloni petët, salcën, rikotën dhe mocarelën në enën e pjekjes në tre shtresa.

k) Sipër shtroni djathin parmixhano.

l) Piqeni në një enë të mbuluar për 30 minuta.

m) Piqeni edhe për 15 minuta të tjera pasi e keni zbuluar enën.

51. Darka Diavolo me ushqim deti

Serbimet: 4

Përbërësit:

- 1 paund. karkaleca të mëdha të qëruara dhe të deveinuara
- ½ £ fiston të skuqur
- 3 lugë vaj ulliri
- ½ lugë çaji thekon piper të kuq
- Kripë për shije
- 1 qepë e vogël e prerë në feta
- ½ lugë çaji trumzë
- ½ lugë çaji rigon
- 2 fileto açuge të grira
- 2 lugë pastë domate
- 4 thelpinj hudhre te grira
- 1 filxhan verë të bardhë
- 1 lugë çaji lëng limoni
- 2 ½ gota domate të prera në kubikë
- 5 lugë majdanoz

Drejtimet:

a) Në një pjatë përzierjeje, kombinoni karkalecat, fiston, vaj ulliri, thekon piper të kuq dhe kripë.

b) Ngrohni paraprakisht tiganin në 350°F. Për 3 minuta kaurdisim frutat e detit në shtresa të vetme. Kjo është diçka që mund të bëhet në tufa.

c) Vendosni karkalecat dhe fiston në një pjatë për servirje.

d) Ngrohni përsëri tiganin.

e) Për 2 minuta kaurdisim qepën, barishtet, filetot e açuges dhe pastën e domates.

f) Kombinoni verën, lëngun e limonit dhe domatet e prera në kubikë në një tas.

g) Lëngun e lëmë të vlojë.

h) Vendosni temperaturën në një nivel të ulët. Gatuani për 15 minuta pas kësaj.

i) Kthejini ushqimet e detit në tigan, së bashku me majdanozin.

j) Gatuani për 5 minuta në zjarr të ulët.

52. Linguine dhe karkaleca Scampi

Serbimet: 6

Përbërësit:

- 1 pako makarona linguine
- ¼ filxhan gjalpë
- 1 spec të kuq zile të grirë
- 5 thelpinj hudhre te grira
- 45 karkaleca të papërpunuara të mëdha të qëruara dhe të devijonuara ½ filxhan verë të bardhë të thatë ¼ filxhan lëng pule
- 2 lugë gjelle lëng limoni
- ¼ filxhan gjalpë
- 1 lugë çaji thekon spec të kuq të grimcuar
- ½ lugë çaji shafran
- ¼ filxhan majdanoz i grirë
- Kripë për shije

Drejtimet:

a) Gatuani makaronat sipas udhëzimeve të paketimit, e cila duhet të zgjasë rreth 10 minuta.

b) Kullojeni ujin dhe lëreni mënjanë.

c) Në një tigan të madh shkrini gjalpin.

d) Gatuani specat dhe hudhrat në një tigan për 5 minuta.

e) Shtoni karkalecat dhe vazhdoni t'i skuqni edhe për 5 minuta të tjera.

f) Hiqni karkalecat në një pjatë, por mbajini hudhrat dhe piperin në tigan.

g) Vërini të ziejnë verën e bardhë, lëngun e lëngut dhe lëngun e limonit.

h) Kthejeni karkalecat në tigan me 14 filxhanë më të mirë.

i) Shtoni thekonet e piperit të kuq, shafranin dhe majdanozin dhe i rregulloni me kripë sipas shijes.

j) Ziejini për 5 minuta pasi i hidhni makaronat.

53. Karkaleca me salcë kremi Pesto

Serbimet: 6

Përbërësit:

- 1 pako makarona linguine
- 1 luge vaj ulliri
- 1 qepë e grirë
- 1 filxhan kërpudha të prera në feta
- 6 thelpinj hudhre te grira
- ½ filxhan gjalpë
- Kripë dhe piper për shije
- ½ lugë çaji piper kajen
- 1 3/4 filxhan Pecorino Romano të grirë në rende
- 3 lugë miell
- ½ filxhan krem i trashë
- 1 filxhan pesto
- 1 £ karkaleca të gatuar, të qëruar dhe të deveinuar

Drejtimet:

a) Gatuani makaronat sipas udhëzimeve të paketimit, e cila duhet të zgjasë rreth 10 minuta. Kullojeni.

b) Në një tigan ngrohni vajin dhe ziejini qepën dhe kërpudhat për 5 minuta.

c) Gatuani për 1 minutë pasi të keni përzier hudhrën dhe gjalpin.

d) Në një tigan, derdhni kremin e trashë dhe i rregulloni me kripë, piper dhe piper të kuq.

e) Ziejini edhe për 5 minuta të tjera.

f) Shtoni djathin dhe përzieni të bashkohet. Vazhdoni të përzieni derisa djathi të shkrihet.

g) Më pas, për të trashur salcën, përzieni miellin.

h) Gatuani për 5 minuta me peston dhe karkaleca.

i) Lyejmë makaronat me salcën.

54. Supë me peshk dhe Chorizo

Serbimet: 4

Përbërësit:

- 2 koka peshku (përdoren për të gatuar lëngun e peshkut)
- 500 gr fileto peshku, të prera në copa
- 1 qepë
- 1 thelpi hudhër
- 1 filxhan verë të bardhë
- 2 luge vaj ulliri
- 1 grusht majdanoz (i grirë)
- 2 gota lëng peshku
- 1 grusht rigon (i copëtuar)
- 1 lugë gjelle kripë
- 1 lugë gjelle piper
- 1 selino
- 2 kanaçe domate (domate)
- 2 djegës të kuq
- 2 salsiçe chorizo
- 1 lugë paprika
- 2 gjethe dafine

Drejtimet:

a) Pastroni kokën e peshkut. Gushat duhet të hiqen. Sezoni me kripë. Gatuani për 20 minuta në temperaturë të ulët. Hiqeni nga ekuacioni.

b) Në një tigan hedhim vajin e ullirit. Kombinoni qepën, gjethet e dafinës, hudhrën, chorizo-n dhe paprikën në një tas të madh përzierjeje. 7 minuta në furrë

c) Në një tas të madh përzierjeje, kombinoni djegësit e kuq, domatet, selinon, piperin, kripën, rigonin, lëngun e peshkut dhe verën e bardhë.

d) Gatuani gjithsej 10 minuta.

e) Hidhni në peshk. 4 minuta në furrë

f) Përdorni orizin si pjatë anësore.

g) Shtoni majdanozin si garniturë.

55. Affogato

Serbimet: 1

Përbërësit

- 1 lugë akullore me vanilje
- 1 gotë ekspres
- Një shishe salcë çokollate, sipas dëshirës

Drejtimet:

a) Në një gotë vendosni një lugë akullore me vanilje dhe 1 gotë ekspres.

b) Shërbejeni!

56. Salcë Tahini

Bën rreth 1¼ filxhan

Përbërës

- ½ filxhan tahini
- ½ filxhan ujë
- ¼ filxhan lëng limoni (2 limonë)
- 2 thelpinj hudhre, te grira

Drejtimet:

a) Rrihni të gjithë përbërësit në një tas derisa të kombinohen. I rregullojmë me kripë dhe piper sipas shijes.

b) Lëreni të qëndrojë derisa shijet të bashkohen, rreth 30 minuta. (Salsi mund të ruhet në frigorifer deri në 4 ditë.)

57. Salcë kosi me hudhër

Bën rreth ½ filxhan

Përbërës

- ½ filxhan kos të thjeshtë grek
- 1 lugë gjelle lëng limoni
- 1 lugë gjelle mente të freskët të copëtuar
- 1 thelpi hudhër, e grirë

Drejtimet:

a) Kombinoni të gjithë përbërësit në një tas dhe rregulloni me kripë dhe piper për shije.

b) Shërbejeni. (Salsi mund të ruhet në frigorifer deri në 4 ditë.)

58. Salcë avokado-kos

Bën rreth 1¼ filxhan

Përbërës

- 1 avokado e pjekur, e prerë në copa ½ inç
- ¼ filxhan kos të thjeshtë
- 1 lugë çaji lëng limoni
- ½ lugë çaji qimnon i bluar
- ⅛ lugë çaji kripë tryezë
- ⅛ lugë çaji piper

Drejtimet:

a) Duke përdorur një kamxhik të fortë, grijeni dhe përzieni të gjithë përbërësit së bashku në një tas derisa të jetë sa më i butë.

b) I rregullojmë me kripë dhe piper sipas shijes. Shërbejeni.

59. Salcë Tahini-Kos

Bën rreth 1 filxhan

Përbërës

- ⅓ filxhan tahini
- ⅓ filxhan kos të thjeshtë grek
- ¼ filxhan ujë
- 3 lugë lëng limoni
- 1 thelpi hudhër, e grirë
- ¾ lugë çaji kripë tryezë

Drejtimet:

a) Rrihni të gjithë përbërësit në një tas derisa të kombinohen. I rregullojmë me kripë dhe piper sipas shijes.

b) Lëreni të qëndrojë derisa shijet të bashkohen, rreth 30 minuta. (Salsi mund të ruhet në frigorifer deri në 4 ditë.)

60. Anchoïade

Bën rreth 1¼ filxhan

Përbërës

- 2 te verdha veze te medha
- 8 fileto açuge, të lara, të thara dhe të grira
- 2 lugë çaji mustardë Dijon
- 2 lugë çaji lëng limoni
- 1 thelpi hudhër, e grirë
- ¾ filxhan vaj vegjetal
- 1 lugë gjelle ujë
- ¼ lugë çaji piper
- ¼ filxhan vaj ulliri ekstra të virgjër

Drejtimet:

a) Përpunoni të verdhat e vezëve, açugat, mustardën, lëngun e limonit dhe hudhrën në procesorin e ushqimit derisa të kombinohen, rreth 20 sekonda.

b) Me procesorin në punë, spërkatni ngadalë me vaj vegjetal derisa të kombinohen, rreth 1 minutë.

c) Transferoni në një tas mesatar dhe përzieni me ujë dhe piper. Përziejini vazhdimisht, lyeni ngadalë me vaj ulliri, më pas lyejeni me kripë dhe piper për shije.

61. Pesto borziloku

Bën rreth 1½ filxhan

Përbërës

- 6 thelpinj hudhër, të paqëruara
- ½ filxhan arra pishe
- 4 gota gjethe borziloku të freskët
- 4 lugë gjelle gjethe të freskëta majdanozi
- 1 filxhan vaj ulliri ekstra të virgjër
- 1 ons djathë parmixhano, i grirë imët (½ filxhan)

Drejtimet:

a) Thekni hudhrën në një tigan 8 inç mbi nxehtësinë mesatare, duke tundur tiganin herë pas here, derisa të zbutet dhe të marrë ngjyrë kafe, rreth 8 minuta. Kur hudhra të jetë ftohur mjaftueshëm për t'u trajtuar, hiqeni dhe hidhni lëkurat dhe copëtoni në mënyrë të trashë.

b) Ndërkohë, theksoni arrat e pishës në një tigan tashmë të zbrazët mbi nxehtësinë mesatare, duke i përzier shpesh, derisa të marrin ngjyrë të artë dhe aromatik, për 4 deri në 5 minuta.

c) Vendos borzilokun dhe majdanozin në qese me zinxhir prej 1 gallon. Qese paund me anën e sheshtë të rrahjes së mishit ose me rrotullues derisa të gjitha gjethet të jenë mavijosur.

d) Përpunoni hudhrat, arrat e pishës dhe barishtet në përpunues ushqimi derisa të grihen imët, rreth 1 minutë, duke gërvishtur anët e tasit sipas nevojës. Me procesorin në punë, shtoni ngadalë vaj derisa të inkorporohet. Transferoni peston në një tas, përzieni parmixhanin dhe rregulloni me kripë dhe piper për shije.

e) Për të parandaluar skuqjen, shtypni mbështjellësin plastik në sipërfaqe ose sipër me një shtresë të hollë vaj ulliri.

62. Harisa

Bën rreth ½ filxhan

Përbërës

- 6 lugë vaj ulliri ekstra të virgjër
- 6 thelpinj hudhre, te grira
- 2 lugë paprika
- 1 lugë gjelle koriandër të bluar
- 1-3 lugë gjelle piper të tharë Aleppo të bluar
- 1 lugë çaji qimnon i bluar
- ¾ lugë çaji fara qimnon
- ½ lugë çaji kripë tryezë

Drejtimet:

a) Kombinoni të gjithë përbërësit në një tas dhe në mikrovalë derisa të marrin flluska dhe shumë aromatik, rreth 1 minutë, duke i përzier në gjysmë të rrugës përmes mikrovalës; lëreni të ftohet plotësisht.

b) Harissa mund të ruhet në frigorifer deri në 4 ditë.

63. Rose Harisa

Bën rreth ½ filxhan

Përbërës

- 6 lugë vaj ulliri ekstra të virgjër
- ¼ filxhan paprika
- 1½ lugë gjelle piper i tharë Aleppo
- 1 lugë gjelle koriandër të bluar
- 3 thelpinj hudhre, te grira
- ½ lugë çaji qimnon i bluar
- ½ lugë çaji fara qimnon
- ½ lugë çaji kripë tryezë
- 2 lugë gjelle trëndafila të tharë të grimcuar, kërcelli u hoq
- 1¼ lugë çaji ujë trëndafili

Drejtimet:

a) Kombinoni vajin, paprikën, specin Aleppo, koriandrin, hudhrën, qimnonin, qimnon dhe kripën në një tas dhe vendoseni në mikrovalë derisa të marrë flluska dhe shumë aromatike, rreth 1 minutë, duke i trazuar në gjysmë të rrugës me mikrovalë.

b) Hidhni sythat e trëndafilit dhe ujin e trëndafilit; lëreni të ftohet plotësisht.

64. Limonët e konservuar

Bën 4 limonë të konservuar

Përbërës

- 12 limonë, mundësisht Meyer
- $\frac{1}{2}$ filxhan kripë kosher

Drejtimet:

a) Lani dhe thajini 4 limon. Pritini për së gjati në katërsh, duke u ndalur 1 inç nga fundi në mënyrë që limonët të qëndrojnë të paprekur në bazë. Lëngu i mbetur i 8 limonëve për të nxjerrë $1\frac{1}{2}$ filxhan lëng; lini mënjanë çdo lëng shtesë.

b) Hapni butësisht 1 limon të prerë dhe hidhni 2 lugë kripë në qendër. Duke punuar mbi tas, fërkoni butësisht sipërfaqet e prera të limonit së bashku, më pas vendoseni limonin në një kavanoz 1 litër. Përsëriteni me limonët e mbetur të prerë dhe kripën e mbetur. Shtoni çdo kripë dhe lëng të grumbulluar në tas në kavanoz.

c) Hidhni $1\frac{1}{2}$ filxhan lëng limoni në kavanoz dhe shtypni butësisht për të zhytur limonët. (Shtoni lëng shtesë të rezervuar në kavanoz sipas nevojës për të mbuluar plotësisht limonët.) Mbulojeni kavanozin fort me kapak dhe tundeni. Lërini limonët në frigorifer, duke tundur kavanozin një herë në ditë për 4 ditët e para për të rishpërndarë kripën dhe lëngun. Lërini limonët të qëndrojnë në frigorifer derisa të shkëlqejnë dhe të zbuten, 6 deri në 8 javë.

d) Për ta përdorur, hiqni sasinë e dëshiruar të limonit të konservuar. Nëse dëshironi, përdorni thikë për të hequr tulin dhe thelbin e bardhë nga lëvorja përpara përdorimit.

65. Rrepë turshi rozë

Bën 4 gota

Përbërës

- 1¼ filxhan uthull vere të bardhë
- 1¼ gote ujë
- 2½ luge sheqer
- 1½ lugë gjelle kripë konservimi dhe turshi (shihni këtë faqe)
- 3 thelpinj hudhër, të grira dhe të qëruara
- ¾ lugë çaji me manaferra të plota speci
- ¾ lugë çaji kokrra piper të zi
- 1 kile rrepa, të qëruara dhe të prera në shkopinj 2 me ½ inç
- 1 panxhar i vogël, i prerë, i qëruar dhe i prerë në copa 1 inç

Drejtimet:

a) Sillni uthullën, ujin, sheqerin, kripën, hudhrën, specin dhe kokrrat e piperit të ziejnë në një tenxhere mesatare mbi nxehtësinë mesatare. Mbulojeni, hiqeni nga zjarri dhe lëreni të ziejnë për 10 minuta.

b) Kullojeni shëllirën përmes një sitë me rrjetë të imët dhe më pas kthejeni në tenxhere.

c) Vendosni dy kavanoza 1 litër në një tas dhe vendosini nën ujë të nxehtë të rrjedhshëm derisa të nxehet, 1 deri në 2 minuta; shkund të thatë. Paketoni rrepat vertikalisht në kavanoza të nxehta me copa panxhari të shpërndara në mënyrë të barabartë.

d) Kthejeni shëllirën në zierje të shkurtër. Duke përdorur hinkë dhe lugë, derdhni shëllirë të nxehtë mbi perime për t'i mbuluar. Lërini kavanozët të ftohen në temperaturën e dhomës, mbuloni me kapak dhe vendosini në frigorifer për të paktën 2 ditë përpara se t'i shërbeni. (Rrepat turshi mund të ruhen në frigorifer deri në 1 muaj; rrepat do të zbuten me kalimin e kohës.)

66. Qepë turshi të shpejtë

Bën 1 filxhan

Përbërës

- 1 filxhan uthull vere të kuqe
- ⅓ filxhan sheqer
- ¼ lugë çaji kripë tryezë
- 1 qepë e kuqe, e përgjysmuar dhe e prerë hollë

Drejtimet:

a) Sillni uthullën, sheqerin dhe kripën të ziejnë në një tenxhere të vogël mbi nxehtësinë mesatare-të lartë, duke i përzier herë pas here, derisa sheqeri të tretet.

b) Fikni nga zjarri, përzieni qepën, mbulojeni dhe lëreni të ftohet plotësisht, rreth 1 orë. Shërbejeni. (Qepët turshi mund të ruhen në frigorifer në një enë hermetike deri në 1 javë.)

67. Ratatouille spanjolle

Serbimet: 4

Përbërësit:

- 1 spec i kuq zile (i prerë në kubikë)
- 1 qepë me madhësi mesatare (e prerë ose e prerë)
- 1 thelpi hudhër
- 1 kungull i njomë (i copëtuar)
- 1 spec zile jeshile (i prerë në kubikë)
- 1 lugë gjelle kripë
- 1 lugë gjelle piper
- 1 kanaçe domate (copëtuar)
- 3 lugë vaj ulliri
- 1 spërkatje verë e bardhë
- 1 grusht majdanoz të freskët

Drejtimet:

a) Në një tigan hedhim vajin e ullirit.

b) Hidhni në të qepët. Lëreni 4 minuta të skuqet në nxehtësi mesatare.

c) Hidhni hudhrat dhe specat. Lëreni edhe 2 minuta të skuqura.

d) Hidhni kungull i njomë, domatet, verën e bardhë dhe i shijoni me kripë dhe piper.

e) Gatuani për 30 minuta ose derisa të jetë gati.

f) Nëse dëshironi, zbukurojeni me majdanoz.

g) Shërbejeni me oriz ose bukë të thekur si pjatë anësore.

h) Shijoje!!!

68. Merak me fasule dhe Chorizo

Serbimet: 3

Përbërësit:

- 1 karotë (të prerë në kubikë)
- 3 lugë vaj ulliri
- 1 qepë e mesme
- 1 spec i kuq zile
- 400 g fasule të thata fabes
- 300 gram sallam Chorizo
- 1 piper zile jeshile
- 1 filxhan majdanoz (i copëtuar)
- 300 gr domate (të prera në kubikë)
- 2 gota lëng pule
- 300 gram kofshë pule (fileto)
- 6 thelpinj hudhër
- 1 patate e mesme (e prerë në kubikë)
- 2 lugë trumzë
- 2 lugë gjelle kripë për shije
- 1 lugë gjelle piper

Drejtimet:

a) Në një tigan, derdhni vajin vegjetal. Hidhni në të qepën. Lëreni 2 minuta të skuqet në nxehtësi mesatare.

b) Në një tas të madh përzierjeje, kombinoni hudhrën, karrotën, specat zile, chorizo-n dhe kofshët e pulës. Lëreni 10 minuta për gatim.

c) Hidhni trumzën, lëngun e pulës, fasulet, patatet, domatet, majdanozin dhe i shijoni me kripë dhe piper.

d) Gatuani për 30 minuta, ose derisa fasulet të zbuten dhe zierja të jetë trashur.

69. Gazpacho

Serbimet: 6

Përbërësit:

- 2 kilogramë domate të pjekura, të prera
- 1 spec i kuq zile (i prerë në kubikë)
- 2 thelpinj hudhër (të bluara)
- 1 lugë gjelle kripë
- 1 lugë gjelle piper
- 1 lugë qimnon (i bluar)
- 1 filxhan qepë të kuqe (copëtuar)
- 1 piper Jalapeno me madhësi të madhe
- 1 filxhan vaj ulliri
- 1 gëlqere 1 kastravec me madhësi mesatare
- 2 lugë gjelle uthull
- 1 filxhan domate (lëng)
- 1 lugë gjelle salcë Worcestershire
- 2 lugë borzilok të freskët (i prerë)
- 2 feta buke

Drejtimet:

a) Në një tas përzieni, kombinoni kastravecin, domatet, specat, qepën, hudhrën, jalapeño, kripën dhe qimnonin. Përziejini gjithçka plotësisht.

b) Në një blender, kombinoni vajin e ullirit, uthullën, salcën Worcestershire, lëngun e limonit, lëngun e domates dhe bukën. Përziejini derisa masa të jetë plotësisht e lëmuar.

c) Përzierja e përzier futeni në përzierjen origjinale duke përdorur një sitë.

d) Sigurohuni që të kombinoni plotësisht gjithçka.

e) Hidheni gjysmën e masës në blender dhe bëjeni pure. Përziejini derisa masa të jetë plotësisht e lëmuar.

f) Masën e përzier e kthejmë në pjesën tjetër të masës. Përziejini gjithçka plotësisht.

g) E vendosim tasin në frigorifer për 2 orë pasi ta mbulojmë.

h) Pas 2 orësh, hiqeni enën. E rregullojmë përzierjen me kripë dhe piper. Sipër enës spërkatni borzilok.

i) Shërbejeni.

70. Kallamar dhe Oriz

Serbimet: 4

Përbërësit:

- 6 oz. ushqim deti (çdo sipas zgjedhjes suaj)
- 3 thelpinj hudhra
- 1 qepë e mesme (e prerë)
- 3 lugë vaj ulliri
- 1 piper jeshil (i prere ne feta)
- 1 lugë boje kallamari
- 1 tufë majdanoz
- 2 lugë paprika
- 550 gram kallamar (të pastruar)
- 1 lugë gjelle kripë
- 2 selino (të prera në kubikë)
- 1 gjethe dafine e freskët
- 2 domate të mesme (të grira)
- 300 g oriz calasparra
- 125 ml verë të bardhë
- 2 gota lëng peshku
- 1 limon

Drejtimet:

a) Në një tigan hedhim vaj ulliri. Kombinoni qepën, gjethen e dafinës, piperin dhe hudhrën në një tas. Lëreni për disa minuta skuqje.

b) Hidhni kallamarët dhe ushqimet e detit. Gatuani për disa minuta, më pas hiqni kallamarët/prodhimet e detit.

c) Në një tas të madh përzierjeje, kombinoni paprikën, domatet, kripën, selinon, verën dhe majdanozin. Lërini 5 minuta që perimet të përfundojnë gatimin.

d) Hidhni orizin e shpëlarë në tigan. Kombinoni lëngun e peshkut dhe bojën e kallamarit në një tas.

e) Gatuani gjithsej 10 minuta. Kombinoni ushqimet e detit dhe kallamarët në një tas të madh përzierjeje.

f) Gatuani edhe për 5 minuta.

g) Shërbejeni me aioli ose limon.

71. Zierje lepuri në domate

Serbimet: 5

Përbërësit:

- 1 lepur i plotë, i prerë në copa
- 1 gjethe dafine
- 2 qepë me përmasa të mëdha
- 3 thelpinj hudhra
- 2 luge vaj ulliri
- 1 lugë gjelle paprika e ëmbël
- 2 degë rozmarinë të freskët
- 1 kanaçe domate
- 1 degë trumzë
- 1 filxhan verë të bardhë
- 1 lugë gjelle kripë
- 1 lugë gjelle piper

Drejtimet:

a) Në një tigan, ngrohni vajin e ullirit në nxehtësi mesatare në të lartë.

b) Ngroheni vajin dhe shtoni copat e lepurit. Skuqini derisa copat të marrin ngjyrë kafe të barabartë.

c) Hiqeni pasi të ketë mbaruar.

d) Shtoni qepët dhe hudhrat në të njëjtën tigan. Gatuani derisa të jetë plotësisht i butë.

e) Në një tas të madh përzierjeje, kombinoni trumzën, paprikën, rozmarinën, kripën, piperin, domatet dhe gjethen e dafinës. Lëreni 5 minuta për gatim.

f) Hidhni copat e lepurit me verën. Gatuani të mbuluara për 2 orë ose derisa copat e lepurit të jenë gatuar dhe salca të jetë trashur.

g) Shërbejeni me patate të skuqura ose bukë të thekur.

72. Karkaleca me kopër

Serbimet: 3

Përbërësit:

- 1 lugë gjelle kripë
- 1 lugë gjelle piper
- 2 thelpinj hudhër (të prera)
- 2 luge vaj ulliri
- 4 lugë sheri manzanilla
- 1 llambë kopër
- 1 grusht kërcell majdanozi
- 600 gr domate qershi
- 15 karkaleca me madhësi të madhe, të qëruara
- 1 filxhan verë të bardhë

Drejtimet:

a) Në një tenxhere të madhe ngrohni vajin. Vendosni thelpinjtë e prerë të hudhrës në një tas. Lëreni të skuqet derisa hudhra të marrë ngjyrë kafe të artë.

b) Shtoni kopër dhe majdanoz në përzierje. Gatuani për 10 minuta në zjarr të ulët.

c) Në një tas të madh përzierjeje, bashkoni domatet, kripën, piperin, sherin dhe verën. Lëreni të ziejë për 7 minuta, ose derisa salca të jetë e trashë.

d) Sipër vendosni karkalecat e qëruara. Gatuani për 5 minuta, ose derisa karkalecat të kenë marrë ngjyrë rozë.

e) Zbukuroni me një spërkatje me gjethe majdanozi.

f) Shërbejeni me një anë buke.

73. Sallatë krokante me angjinare me vinaigrette limoni

SHËRBON 4

Përbërësit:

- 3 filxhanë angjinare të plota për bebe të paketuara në ujë, të përgjysmuara, të shpëlarë dhe të thara
- 3 lugë niseshte misri
- 1 filxhan vaj ulliri ekstra i virgjër për tiganisje
- 1 lugë gjelle lëng limoni
- ¾ lugë çaji mustardë Dijon
- ¾ lugë çaji shallot i grirë
- Pini kripën e tryezës
- 4 lugë çaji vaj ulliri ekstra të virgjër
- 2 ons (2 gota) mizuna ose rukola foshnjore
- ¾ filxhan bizele të ngrira, të shkrira
- 1 lugë çaji Za'atar

Drejtimet:

a) Hidhni angjinaret me niseshte misri në një tas për t'u veshur. Nxehni 1 filxhan vaj në një tigan 12 inç mbi nxehtësinë mesatare derisa të vezullojë.

b) Shkundni niseshtenë e tepërt të misrit nga angjinaret dhe shtoni me kujdes në tigan në një shtresë të vetme. Gatuani, duke e përzier herë pas here, derisa të marrë ngjyrë të artë dhe të freskët, për 5 deri në 7 minuta. Me anë të lugës me vrima, kalojini angjinaret në pjatë të veshur me peshqir letre që të ftohen pak, rreth 10 minuta.

c) Rrihni lëngun e limonit, mustardën, qepën dhe kripën së bashku në një tas. Përzieni vazhdimisht, hidhni ngadalë 4 lugë çaji vaj derisa të emulsohen.

d) Hedhim mizuna, bizelet dhe 2 lugë vinegrette së bashku në një tas të madh. Transferoni në pjatën e servirjes dhe sipër me angjinare, spërkateni me vinegrette të mbetur dhe spërkateni me za'atar. Shërbejeni.

74. Sallatë me karotë dhe salmon të tymosur

SHERBET 4 ME 6

Përbërësit:

- 2 paund karrota me zarzavate të bashkangjitura, të ndara, $\frac{1}{4}$ filxhan zarzavate të copëtuara
- 5 lugë gjelle uthull musht, të ndara
- 1 luge sheqer
- $\frac{1}{8}$ lugë çaji plus $\frac{3}{4}$ lugë çaji kripë tryezë, e ndarë
- $\frac{1}{4}$ filxhan vaj ulliri ekstra të virgjër, i ndarë
- $\frac{1}{4}$ lugë çaji piper
- 1 grejpfrut i kuq
- 2 lugë gjelle kopër të freskët të copëtuar
- 2 lugë çaji mustardë Dijon
- 2 koka endive belge (4 ons secila), të përgjysmuara, të prera dhe të prera në feta $\frac{1}{2}$ inç të trashë
- 8 ons salmon i tymosur

Drejtimet:

a) Rregulloni raftin e furrës në pozicionin më të ulët dhe ngrohni furrën në 450 gradë. Qëroni dhe rruajini 4 ons karota në shirita të hollë me qërues perimesh; le menjane.

Qëroni dhe grijini karotat e mbetura në paragjykim ¼ inç të trashë; le menjane.

b) Vendoseni në mikrovalë ¼ filxhan uthull, sheqer dhe ⅛ lugë çaji kripë në një tas derisa të ziejë, 1 deri në 2 minuta. Hidhni karotat e rruara, më pas lërini të qëndrojnë, duke i përzier herë pas here, për 45 minuta. (Karotat turshi të kulluara mund të ruhen në frigorifer deri në 5 ditë.)

c) Hidhni karotat e prera në feta me 1 lugë gjelle vaj, piper dhe ½ lugë çaji kripë në një tas, më pas shpërndajeni në një shtresë të vetme në fletën e pjekjes me buzë, me anën e prerë poshtë. Piqini derisa të zbuten dhe fundi të jetë skuqur mirë, 15 deri në 25 minuta. Lëreni të ftohet pak, rreth 15 minuta.

d) Ndërkohë, hiqni lëvozhgën dhe thelbin e grejpfrutit. Pritini grejpfrutin çerek, më pas priteni në copa tërthore në copa ¼ inç të trasha.

e) Rrihni koprën, mustardën, 1 lugë gjelle uthull të mbetur dhe ¼ lugë çaji kripë të mbetur së bashku në një tas të madh. Përzieni vazhdimisht, hidhni ngadalë 3 lugët e mbetura vaj derisa të emulsohen. Shtoni endive, zarzavate karrota, karrota të pjekura, karrota turshi dhe grejpfrut dhe hidhini për t'i kombinuar; sezonin me kripë dhe piper për shije. Rregulloni salmonin rreth buzës së pjatës për servirje, më pas transferojeni sallatën në qendër të pjatës. Shërbejeni.

75. Sallatë panxhar me kos me erëza dhe lakërishtë

SHERBET 4 ME 6

Përbërësit:

- 2 paund panxhar, të prerë, të qëruar dhe të prerë në copa ¾ inç
- 1⅛ lugë çaji kripë tryezë, të ndarë
- 1¼ filxhan kos të thjeshtë grek
- ¼ filxhan cilantro e freskët e grirë, e ndarë
- 3 lugë vaj ulliri ekstra të virgjër, të ndara
- 2 lugë çaji xhenxhefil të freskët të grirë
- 1 lugë çaji lëvore gëlqereje të grirë plus 2 lugë gjelle lëng, të ndara
- 1 thelpi hudhër, e grirë
- ½ lugë çaji qimnon i bluar
- ½ lugë çaji koriandër të bluar
- ¼ lugë çaji piper
- 5 ons (5 gota) lakërishtë, e grirë në copa të madhësisë së një kafshimi
- ¼ filxhan fëstëkë të prerë, të thekur dhe të copëtuar, të ndarë

Drejtimet:

a) Kombinoni panxharin, ⅓filxhan ujë dhe ½ lugë çaji kripë në një tas të madh. Mbulojeni dhe vendoseni në mikrovalë derisa panxhari të shpohet lehtësisht me thikë prerëse, 25 deri në 30 minuta, duke e trazuar në gjysmë të rrugës përmes mikrovalës. Kullojeni panxharin në kullesë dhe lëreni të ftohet.

b) Rrihni kosin, 3 lugë gjelle cilantro, 2 lugë vaj, xhenxhefil, lëkurën e limonit dhe 1 lugë gjelle lëng, hudhrën, qimnonin, koriandrin, piperin dhe ½ lugë çaji kripë së bashku në një tas. Ngadalë përzieni deri në 3 lugë ujë derisa përzierja të ketë konsistencën e kosit të zakonshëm. I rregullojmë me kripë dhe piper sipas shijes. Përhapeni përzierjen e kosit mbi pjatën e servirjes.

c) Hidhni lakërishtën me 2 lugë gjelle fëstëkë, 2 lugë çaji vaj, 1 lugë çaji lëng lime dhe hidhni kripë në një tas të madh. Rregulloni përzierjen e lakërishtës sipër përzierjes së kosit, duke lënë kufirin 1 inç të përzierjes së kosit. Hidhni panxharin me 1 lugë çaji vaj të mbetur, 2 lugë çaji të mbetur lëng gëlqereje dhe kripën e mbetur në një tas tashmë të zbrazët.

d) Rregulloni përzierjen e panxharit mbi përzierjen e lakërishtës. Spërkateni sallatën me 1 lugë gjelle cilantro të mbetur dhe 2 lugë gjelle të mbetura fëstëkë dhe shërbejeni.

76. Fattoush me kungulleshka dhe mollë

SHËRBON 4

Përbërësit:

- 2 bukë pita (8 inç), të përgjysmuara në mënyrë tërthore
- $\frac{1}{2}$ filxhan vaj ulliri ekstra të virgjër, i ndarë
- $\frac{1}{8}$ plus $\frac{3}{4}$ lugë çaji kripë tryezë, e ndarë
- $\frac{1}{8}$ lugë çaji piper
- 2 paund kungull gjalpë, të qëruar, me fara dhe të prera në copa $\frac{1}{2}$ inç
- 3 lugë lëng limoni
- 4 lugë çaji sumak të bluar, plus shtesë për servirje
- 1 thelpi hudhër, e grirë
- 1 mollë, me bërthama dhe prerë në copa $\frac{1}{2}$ inç
- $\frac{1}{4}$ kokë radikio, me bërthama dhe të copëtuara (1 filxhan)
- $\frac{1}{2}$ filxhan majdanoz i freskët i grirë
- 4 qepë, të prera hollë

Drejtimet:

a) Rregulloni raftet e furrës në pozicionet e mesme dhe më të ulëta dhe ngrohni furrën në 375 gradë. Duke përdorur gërshërët e kuzhinës, prisni rreth perimetrit çdo pite dhe ndajeni në 2 raunde të holla. Pritini çdo raund në gjysmë.

b) Vendosni pitat me anën e lëmuar poshtë në raft teli të vendosur në fletën e pjekjes me buzë. Lyejeni anën e përafërt të pitës në mënyrë të barabartë me 3 lugë gjelle vaj, më pas spërkatni me $\frac{1}{8}$ lugë çaji kripë dhe piper.

c) Piqni në raftin e sipërm derisa pitat të jenë të freskëta dhe në kafe të zbehtë të artë, 8 deri në 12 minuta. Lëreni të ftohet plotësisht.

d) Rriteni temperaturën e furrës në 450 gradë. Hidhni kungujt me 1 lugë gjelle vaj dhe $\frac{1}{2}$ lugë çaji kripë. Përhapeni në një shtresë të barabartë në fletën e pjekjes me buzë dhe piqini në raftin e poshtëm derisa të marrin ngjyrë kafe dhe të butë, 20 deri në 25 minuta, duke e trazuar në gjysmë të rrugës. Lëreni mënjanë të ftohet pak, rreth 10 minuta.

e) Rrihni lëngun e limonit, sumakun, hudhrën dhe $\frac{1}{4}$ lugë çaji të mbetur kripë së bashku në një tas të vogël dhe lërini të qëndrojnë për 10 minuta. Përzieni vazhdimisht, hidheni ngadalë në $\frac{1}{4}$ filxhani vaj të mbetur.

f) Pritini pitat e ftohura në copa $\frac{1}{2}$ inç dhe vendosini në një tas të madh. Shtoni kunguj të pjekur, mollë, radicchio, majdanoz dhe qepë. Hidhni dressing-in mbi sallatë dhe hidheni butësisht në shtresë. I rregullojmë me kripë dhe piper sipas shijes. Shërbejeni duke spërkatur porcione individuale me sumak shtesë.

77. Panzanella me fyell

SHËRBON 4

Përbërësit:

- 1 kile fyellash, të prera dhe të pastruara
- ½ lugë çaji kripë tavoline, e ndarë, plus kripë për zbardhjen e kokave të fyellit
- 6 ons ciabatta ose bukë kosi, e prerë në copa ¾ inç (4 gota)
- ½ filxhan vaj ulliri ekstra të virgjër, i ndarë
- 1 thelpi hudhër, të grirë në masë
- ½ lugë çaji piper, i ndarë
- ¼ filxhan uthull vere të kuqe
- 5 ons domate rrushi, të përgjysmuara
- 2 ons djathë dhie, i thërrmuar (½ filxhan)
- ¼ filxhan borzilok të freskët të copëtuar

Drejtimet:

a) Sillni 4 litra ujë të ziejnë në një tenxhere të madhe. Mbushni tasin e madh përgjysmë me akull dhe ujë. Shtoni kokat e fyellit dhe 1 lugë gjelle kripë në ujin e vluar dhe ziejini derisa të jenë të freskëta, rreth 5 minuta.

b) Duke përdorur skimer merimangash ose lugë me vrima, kaloni kokat e fyellit në një banjë akulli dhe lërini të qëndrojnë derisa të ftohen, rreth 2 minuta. Transferoni kokat e fyellave në pjatën e veshur me tre shtresa peshqirë letre dhe thajini mirë.

c) Hidhni bukën, 3 lugë gjelle ujë dhe ¼ lugë çaji kripë së bashku në një tas të madh, duke e shtrydhur bukën butësisht derisa uji të përthithet. Gatuani përzierjen e bukës dhe ¼ filxhani vaj në një tigan 12 inç që nuk ngjit mbi nxehtësinë mesatare të lartë, duke e përzier shpesh, derisa të skuqet dhe të bëhet e freskët, për 7 deri në 10 minuta.

d) Fikni zjarrin, shtyjeni bukën në anët e tiganit. Shtoni 1 lugë gjelle vaj, hudhër dhe ¼ lugë çaji piper dhe gatuajeni duke përdorur nxehtësinë e mbetur të tiganit, duke e grirë përzierjen në tigan, derisa të marrë aromë, rreth 10 sekonda. Përziejeni bukën në përzierjen e hudhrave, më pas kalojini krutonët në tas që të ftohen pak, rreth 5 minuta.

e) Rrihni uthullën, 3 lugët e mbetura vaj, ¼ lugë çaji të mbetur kripë dhe ¼ lugë çaji të mbetur piper në një tas të madh derisa të kombinohen. Shtoni kokat e fyellit, krutonat dhe domatet dhe hidhini butësisht në shtresë. I rregullojmë me kripë dhe piper sipas shijes. Transferoni në pjatën e servirjes dhe spërkatni me djathë dhie dhe borzilok. Shërbejeni.

78. Sallatë me perime të copëtuara dhe fruta me gurë

SHERBET 4 ME 6

Përbërësit:

- 1 kile kumbulla të pjekura, por të forta, nektarina, pjeshkë ose kajsi, të përgjysmuara, të prera dhe të prera
- ½ lugë çaji plus ⅛ lugë çaji kripë, e ndarë
- ½ lugë çaji sheqer
- 2 lugë vaj ulliri ekstra të virgjër
- 2 lugë gjelle lëng limoni
- ¼ lugë çaji piper
- 4 kastraveca persiane, te prera ne çerek nga gjatesia dhe te prera
- 1 spec të kuq zile, me kërcell, me fara dhe të grirë
- 4 rrepka, të prera dhe të prera
- ¼ filxhan nenexhik të freskët të grirë
- ¼ filxhan majdanoz të freskët të grirë
- 1 qepe e grirë
- 2 lugë çaji sumak të bluar

Drejtimet:

a) Hidhni kumbullat me ½ lugë çaji kripë dhe sheqer në një tas.

b) Transferoni në një sitë me rrjetë të imët dhe lëreni të kullojë për 15 minuta, duke e hedhur herë pas here.

c) Rrihni vajin, lëngun e limonit, piperin dhe $\frac{1}{8}$ lugë çaji kripë së bashku në një tas të madh. Shtoni kumbullat e kulluara, kastravecat, piperin, rrepkën, nenexhikun, majdanozin, qepën dhe sumakun dhe hidhini butësisht për t'u kombinuar.

d) I rregullojmë me kripë dhe piper sipas shijes dhe i shërbejmë menjëherë.

79. Sallatë majdanoz-kastravec me feta

SHERBET 4 ME 6 | 15 MIN

Përbërësit:

- 1 luge gjelle melase shege
- 1 lugë gjelle uthull vere të kuqe
- ¼ lugë çaji kripë tryezë
- ⅛ lugë çaji piper
- Piper kajen
- 3 lugë vaj ulliri ekstra të virgjër
- 3 gota gjethe të freskëta majdanoz
- 1 kastravec anglez, i përgjysmuar për së gjati dhe i prerë hollë
- 1 filxhan arra, të thekura dhe të grira trashë, të ndara
- 1 filxhan kokrra shege, te ndara
- 4 oce djathë feta, i prerë në feta hollë

Drejtimet:

a) Rrihni së bashku në një tas të madh melasën e shegës, uthullën, kripën, piperin dhe kajenën. Përziejeni vazhdimisht, lyeni ngadalë me vaj derisa të emulsohet.

b) Shtoni majdanozin, kastravecin, $\frac{1}{2}$ filxhan arra dhe $\frac{1}{2}$ filxhan kokrra shege dhe i hidhni te lyej. I rregullojmë me kripë dhe piper sipas shijes.

c) Transferoni në pjatën e servirjes dhe sipër me feta, $\frac{1}{2}$ filxhan arra të mbetura dhe $\frac{1}{2}$ filxhan kokrrat e mbetura të shegës.

d) Shërbejeni.

80. Sallatë e trefishtë bizele

SHËRBON 4

Përbërësit:

- 4 ons bizele sheqeri, fijet e hequra, të prera me paragjykim në copa ½ inç
- ½ lugë çaji plus majë kripë tryezë, të ndarë, plus kripë për zbardhjen
- 9 ons guaska mbi bizele angleze, të prera (¾ filxhan)
- 5 lugë vaj ulliri ekstra të virgjër, të ndara
- ¼ filxhan kos të thjeshtë grek
- 2 lugë gjelle plus 1 lugë çaji lëng limoni, të ndara
- 1 thelpi hudhër, e grirë
- 2 lugë çaji mustardë Dijon
- ¼ lugë çaji piper
- 2 ons (2 filxhanë) rukola për bebe
- 4 ons bizele bore, vargjet e hequra, të prera hollë në paragjykim
- 4 rrepka, të prera, të përgjysmuara dhe të prera hollë
- ⅓ filxhan gjethe nenexhiku të freskët, të grisura nëse janë të mëdha

Drejtimet:

a) Mbushni tasin e madh përgjysmë me akull dhe ujë. Fusni kullesë në një banjë akulli. Sillni 1 litër ujë të ziejë në tenxhere të mesme mbi nxehtësinë e lartë.

b) Shtoni bizele dhe 1 lugë gjelle kripë dhe ziejini derisa bizelet të jenë jeshile të ndezura dhe të buta, rreth 1 minutë.

c) Duke përdorur skarë merimangash ose lugë me vrima, transferojini bizelet në kullesë të vendosur në banjë akulli. Shtoni bizelet angleze në ujin e vluar dhe gatuajeni derisa të jesh i ndezur dhe i butë, rreth $1\frac{1}{2}$ minutë.

d) Transferoni në kullesë me bizele dhe lëreni derisa të ftohet, rreth 5 minuta. Ngrini kullesë nga banja e akullit dhe transferojini bizelet në pjatën e veshur me peshqir letre me tre shtresa dhe thajini mirë; le menjane.

e) Rrihni së bashku në një tas $\frac{1}{4}$ filxhan vaj, kos, 2 lugë lëng limoni, hudhër, mustardë, piper dhe $\frac{1}{2}$ lugë çaji kripë. Përhapeni përzierjen e kosit mbi pjatën e servirjes.

f) Hidhni rukolën, bizelet e borës, rrepkat, nenexhikun dhe bizelet e ftohta me 1 lugë çaji lëng limoni të mbetur, kripën e mbetur dhe 1 lugë gjelle vaj të mbetur në një tas të madh të veçantë.

g) Sipër përzierjes së kosit rregulloni sallatën. Shërbejeni menjëherë, duke kombinuar sallatën me përzierjen e kosit teksa shërbeni.

81. Sallatë me patate të ëmbël me bajame

SHËRBON 6

Përbërësit:

- 3 kilogramë patate të ëmbla, të qëruara dhe të prera në copa ¾ inç
- 6 lugë vaj ulliri ekstra të virgjër, të ndara
- 2 lugë çaji kripë tryezë
- 3 qepë, të prera hollë
- 3 lugë lëng lime (2 lime)
- 1 jalapeño chile, me kërcell, me fara dhe të grirë
- 1 lugë çaji qimnon i bluar
- 1 lugë çaji paprika e tymosur
- 1 lugë çaji piper
- 1 thelpi hudhër, e grirë
- ½ lugë çaji spec i grirë
- ½ filxhan gjethe dhe kërcell të freskët të cilantros, të copëtuara trashë
- ½ filxhan bajame të plota, të thekura dhe të copëtuara

Drejtimet:

a) Rregulloni raftin e furrës në pozicionin e mesëm dhe ngrohni furrën në 450 gradë. I hedhim patatet me 2 lugë vaj dhe kripë, më pas i kalojmë në tepsi të mbyllur dhe i shtrojmë në një shtresë të barabartë. Piqini derisa patatet të jenë të buta dhe sapo të fillojnë të skuqen, 30 deri në 40 minuta, duke i trazuar në gjysmë të rrugës së pjekjes. Lërini patatet të ftohen për 30 minuta.

b) Ndërkohë, kombinoni qepët, lëngun e limonit, jalapeño, qimnon, paprikën, piperin, hudhrën, specin dhe $\frac{1}{4}$ filxhani vaj të mbetur në një tas të madh. Shtoni cilantron, bajamet dhe patatet dhe hidhini për t'u kombinuar. Shërbejeni.

82. Horiatiki Salata

SHËRBON 4

Përbërësit:

- 1¾ kilogram domate të pjekura, me bërthama
- 1¼ lugë çaji kripë tryezë, e ndarë
- ½ qepë e kuqe, e prerë hollë
- 2 lugë gjelle uthull vere të kuqe
- 1 lugë çaji rigon të tharë, plus shtesë për erëza
- ½ lugë çaji piper
- 1 kastravec anglez, i prerë për së gjati dhe i prerë në copa ¾ inç
- 1 piper jeshil, me kërcell, me fara dhe prerë në shirita 2 nga ½ inç
- 1 filxhan ullinj Kalamata pa koriza
- 2 lugë kaperi, të shpëlarë
- ¼ filxhan vaj ulliri ekstra të virgjër, plus shtesë për spërkatje
- 1 (8 ons) bllok djathi feta, i prerë në trekëndësha ½ inç të trashë

Drejtimet:

a) Pritini domatet në copa ½ inç të trashë. Pritini pykat në gjysmë në mënyrë tërthore.

b) Hidhni së bashku domatet dhe ½ lugë çaji kripë në kullesë të vendosur në një tas të madh. Lëreni të kullojë për 30 minuta. Vendosni qepën në një tas të vogël, mbulojeni me ujë me akull dhe lëreni të qëndrojë për 15 minuta.

c) Rrihni uthullën, rigonin, piperin dhe pjesën e mbetur të ¾ lugë çaji kripë së bashku në tasin e dytë të vogël.

d) Hidhni lëngun e domates dhe transferojini domatet në një tas tashmë të zbrazët. Kullojeni qepën dhe shtoni në tasin me domate.

e) Shtoni përzierjen e uthullit, kastravecin, piperin zile, ullinjtë dhe kaperin dhe hidhini për t'u kombinuar. Spërkateni me vaj dhe hidheni butësisht që të lyhet.

f) I rregullojmë me kripë dhe piper sipas shijes. Transferoni në pjatën e servirjes dhe sipër me feta. Sezoni çdo fetë feta me rigon shtesë për shije dhe spërkatni me vaj shtesë. Shërbejeni.

83. Sallatë Feta, Jicama dhe Domate

SHËRBON 4

Përbërësit:

- 1¾ kilogram domate të pjekura, me bërthama
- ¼ lugë çaji kripë tryezë, plus kripë për kriposjen e perimeve
- ½ qepë e kuqe, e prerë hollë
- 3 lugë lëng lime (2 lime)
- 1¼ lugë çaji rigon të tharë, të ndarë
- ¾ filxhan cilantro e freskët e copëtuar, e ndarë
- ½ lugë çaji piper
- 12 ounces jicama, e qëruar dhe e prerë në copa ¼ inç
- 6 rrepka, të prera dhe të prera në copa ¼ inç
- 1 filxhan ullinj Kalamata pa koriza
- ¼ filxhan vaj ulliri ekstra të virgjër, plus shtesë për spërkatje
- 1 (8 ons) bllok djathi feta, i prerë në trekëndësha ½ inç të trashë

Drejtimet:

a) Pritini domatet në copa ½ inç të trashë. Pritini pykat në gjysmë në mënyrë tërthore.

b) Hidhni së bashku domatet dhe ½ lugë çaji kripë në kullesë të vendosur në një tas të madh. Lëreni të kullojë për 30 minuta. Vendosni qepën në një tas të vogël, mbulojeni me ujë me akull dhe lëreni të qëndrojë për 15 minuta. Rrihni lëngun e limonit, 1 lugë çaji rigon, ½ filxhan cilantro, piper dhe ¼ lugë çaji të mbetur kripë së bashku në tasin e dytë të vogël.

c) Hidhni lëngun e domates dhe transferojini domatet në një tas tashmë të zbrazët. Kullojeni qepën dhe shtoni në tasin me domate. Shtoni përzierjen e gëlqeres, jicamën, rrepkat dhe ullinjtë dhe hidhini për t'u kombinuar.

d) Spërkateni me vaj dhe hidheni butësisht që të lyhet. I rregullojmë me kripë dhe piper sipas shijes. Transferoni në pjatën e servirjes dhe sipër me feta.

e) Spërkateni fetën në mënyrë të barabartë me ¼ lugë çaji të mbetur rigon dhe ¼ filxhani të mbetur kulantro. Shërbejeni duke e spërkatur me vaj shtesë.

84. Sallatë me kunguj Pattypan të pjekur

SHERBET 4 ME 6 | 1 HR

Përbërësit:

Pesto

- 1 ons zarzavate luleradhiqe, të prera dhe të grira në copa të madhësisë së një kafshimi
- 3 lugë fara luledielli të pjekura
- 3 lugë ujë
- 1 lugë gjelle shurup panje
- 1 lugë gjelle uthull musht
- 1 thelpi hudhër, e grirë
- ¼ lugë çaji kripë tryezë
- ⅛ lugë çaji thekon piper të kuq
- ¼ filxhan vaj ulliri ekstra të virgjër

Sallatë

- 2 lugë vaj ulliri ekstra të virgjër
- 2 lugë çaji shurup panje
- ½ lugë çaji kripë tryezë
- ⅛ lugë çaji piper

- 1½ paund kungull bebe pattypan, të përgjysmuar horizontalisht

- 4 kallinj misër, kokrra të prera nga kalli

- 1 kile domate të pjekura, me bërthama, të prera në copa ½ inç të trasha dhe prera të përgjysmuara në mënyrë tërthore

- 1 ons zarzavate luleradhiqe, të prera dhe të grisura në copa të vogla (1 filxhan)

- 2 lugë fara luledielli të pjekura

Drejtimet:

a) Për peston: Rregulloni raftin e furrës në pozicionin më të ulët, vendosni fletën e pjekjes me buzë në raft dhe ngrohni furrën në 500 gradë. Përpunoni zarzavatet e luleradhiqes, farat e luledielit, ujin, shurupin e panjeve, uthullën, hudhrën, kripën dhe thekonet e piperit në procesorin e ushqimit derisa të bluhen imët, rreth 1 minutë, duke gërvishtur anët e tasit sipas nevojës. Me procesorin në punë, spërkatni ngadalë me vaj derisa të inkorporohet.

b) Për sallatën: Rrihni vajin, shurupin e panjës, kripën dhe piperin në një tas të madh. Shtoni kungullin dhe misrin dhe hidhini në shtresë. Duke punuar shpejt, shpërndani perimet në një shtresë të vetme në fletë të nxehtë, duke rregulluar kungullin me anën e prerë poshtë.

c) Piqini derisa pjesa e prerë e kungujve të skuqet dhe të zbutet, 15 deri në 18 minuta. Transferoni tiganin në raft teli dhe lëreni të ftohet pak, rreth 15 minuta.

d) Kombinoni kungujt e pjekur dhe misrin, gjysmën e pestos, domateve dhe zarzavateve të luleradhiqes në një tas të madh dhe hidhini butësisht për t'u kombinuar.

e) Spërkateni me peston e mbetur dhe spërkatni me farat e lulediellit. Shërbejeni.

85. Panna Cotta me çokollatë

5 porcione

Përbërësit:

- 500 ml krem i trashë
- 10 g xhelatinë
- 70 gr çokollatë e zezë
- 2 lugë kos
- 3 lugë gjelle sheqer
- një majë kripë

Drejtimet:

a) Në një sasi të vogël kremi, thithni xhelatinë.

b) Në një tenxhere të vogël hedhim kremin e mbetur. Vërini sheqerin dhe kosin të ziejnë duke i përzier herë pas here, por mos zieni. E heqim tiganin nga zjarri.

c) Përzieni çokollatën dhe xhelatinën derisa të treten plotësisht.

d) Mbushni kallëpet me brumin dhe ftohuni për 2-3 orë.

e) Për të çliruar panën nga kallëpi, vendoseni nën ujë të nxehtë për disa sekonda përpara se ta hiqni ëmbëlsirën.

f) Dekoroni sipas dëshirës tuaj dhe shërbejeni!

86. Galette Cheesy me Salami

5 porcione

Përbërësit:

- 130 g gjalpë
- 300 gr miell
- 1 lugë çaji kripë
- 1 vezë
- 80 ml qumësht
- 1/2 lugë çaji uthull
- Mbushja:
- 1 domate
- 1 piper i embel
- kungull i njomë
- sallam
- mocarela
- 1 luge vaj ulliri
- barishte (të tilla si trumzë, borzilok, spinaq)

Drejtimet:

a) Pritini gjalpin në kubikë.

b) Në një tas ose tigan bashkojmë vajin, miellin dhe kripën dhe i presim me thikë.

c) Hidhni një vezë, pak uthull dhe pak qumësht.

d) Filloni të gatuani brumin. Lëreni në frigorifer për gjysmë ore pasi e rrotulloni në një top dhe e mbështillni me mbështjellës.

e) Pritini të gjithë përbërësit e mbushjes.

f) Vendoseni mbushjen në qendër të një rrethi të madh brumi që është hedhur në pergamenë për pjekje (përveç Mocarelës).

g) Spërkateni me vaj ulliri dhe rregulloni me kripë dhe piper.

h) Më pas ngrini me kujdes skajet e brumit, mbështillni ato rreth pjesëve të mbivendosura dhe shtypni lehtë brenda.

i) Ngrohim furrën në 200°C dhe e pjekim për 35 minuta. Shtoni mocarelën dhjetë minuta para përfundimit të kohës së pjekjes dhe vazhdoni të piqni.

j) Shërbejeni menjëherë!

87. Tiramisu

Serbimet: 6

Përbërësit:

- 4 te verdha veze
- ¼ filxhan sheqer të bardhë
- 1 lugë ekstrakt vanilje
- ½ filxhan krem rrahjeje
- 2 gota djathë mascarpone
- 30 gishta zonje
- 1 ½ filxhan kafe të ftohtë në akull e mbajtur në frigorifer
- ¾ filxhan liker Frangelico
- 2 lugë gjelle pluhur kakao pa sheqer

Drejtimet:

a) Në një legen për përzierje, rrihni së bashku të verdhat e vezëve, sheqerin dhe ekstraktin e vaniljes derisa të bëhen kremoze.

b) Pas kësaj, rrihni kremin për rrahje derisa të jetë i fortë.

c) Bashkoni djathin mascarpone dhe kremin e rrahur.

d) Në një tas të vogël përziejeni mascarponen në të verdhat e vezëve dhe lëreni mënjanë.

e) Kombinoni pijen me kafenë e ftohtë.

f) Zhytini gishtat e zonjës në përzierjen e kafesë menjëherë. Nëse gishtat e zonjës lagen ose lagështohen shumë, ato do të lagen.

g) Vendosni gjysmën e gishtave të zonjës në fund të një enë pjekjeje 9x13 inç.

h) Sipër vendosni gjysmën e përzierjes së mbushjes.

i) Vendosni gishtat e mbetur të zonjës sipër.

j) Vendosni një mbulesë mbi enë. Pas kësaj, ftoheni për 1 orë.

k) Pluhuroni me pluhur kakao.

88. Byrek kremoz Ricotta

Serbimet: 6

Përbërësit:

- 1 kore byreku e blere ne dyqan
- 1 ½ £ djathë ricotta
- ½ filxhan djathë mascarpone
- 4 vezë të rrahura
- ½ filxhan sheqer të bardhë
- 1 lugë gjelle raki

Drejtimet:

a) Ngrohni furrën në 350 gradë Fahrenheit.

b) Kombinoni të gjithë përbërësit e mbushjes në një tas. Më pas masën e derdhni në kore.

c) Ngroheni furrën në 350°F dhe piqni për 45 minuta.

d) Vendoseni byrekun në frigorifer për të paktën 1 orë përpara se ta shërbeni.

89. Biskota Anisette

Serbimet: 36

Përbërësit:

- 1 filxhan sheqer
- 1 filxhan gjalpë
- 3 gota miell
- ½ filxhan qumësht
- 2 vezë të rrahura
- 1 lugë gjelle pluhur pjekjeje
- 1 lugë gjelle ekstrakt bajame
- 2 lugë çaji liker anisette
- 1 filxhan sheqer ëmbëlsirash

Drejtimet:

a) Ngroheni furrën në 375 gradë Fahrenheit.

b) Rrihni së bashku sheqerin dhe gjalpin derisa të jenë të lehta dhe me gëzof.

c) Përfshini gradualisht miellin, qumështin, vezët, pluhurin për pjekje dhe ekstraktin e bajames.

d) Ziejeni brumin derisa të bëhet ngjitës.

e) Krijoni topa të vegjël nga copa brumi me gjatësi 1 inç.

f) Ngroheni furrën në 350°F dhe lyeni me yndyrë një fletë pjekjeje. Vendosni topat në tepsi.

g) Ngroheni furrën në 350°F dhe piqini biskotat për 8 minuta.

h) Kombinoni likerin anisetë, sheqerin e ëmbëlsirave dhe 2 lugë ujë të nxehtë në një tas.

i) Në fund, zhytni biskotat në glazurë sa janë ende të ngrohta.

90. Panna Cotta

Serbimet: 6

Përbërësit:

- ⅓ filxhan qumësht
- 1 pako xhelatinë pa aromë
- 2 ½ filxhan krem të rëndë
- ¼ filxhan sheqer
- ¾ filxhan luleshtrydhe të prera në feta
- 3 lugë sheqer kaf
- 3 lugë raki

Drejtimet:

a) Përzieni qumështin dhe xhelatinën së bashku derisa xhelatina të tretet plotësisht. Hiqeni nga ekuacioni.

b) Në një tenxhere të vogël vendosim ajkën e trashë dhe sheqerin të ziejnë.

c) Përzierjen e xhelatinës e vendosim në kremin e trashë dhe e përziejmë për 1 minutë.

d) Masën e ndajmë në 5 ramekin.

e) Vendosni mbështjellës plastik mbi ramekins. Pas kësaj, ftoheni për 6 orë.

f) Në një tas përziejini luleshtrydhet, sheqerin kaf dhe rakinë; ftohet për të paktën 1 orë.

g) Vendosni luleshtrydhet mbi panën.

91. Flan karamel

Serbimet: 4

Përbërësit:

- 1 lugë ekstrakt vanilje
- 4 vezë
- 2 kanaçe qumësht (1 i avulluar dhe 1 i kondensuar i ëmbëlsuar)
- 2 gota krem pana
- 8 lugë sheqer

Drejtimet:

a) Ngroheni furrën në 350 gradë Fahrenheit.

b) Në një tigan që nuk ngjit shkrini sheqerin në zjarr mesatar derisa të marrë ngjyrë të artë.

c) Hedhim sheqerin e lëngshëm në një tavë pjekjeje sa është ende e nxehtë.

d) Në një pjatë për përzierje, çani dhe rrihni vezët. Kombinoni qumështin e kondensuar, ekstraktin e vaniljes, kremin dhe qumështin e ëmbëlsuar në një tas. Bëni një përzierje të plotë.

e) Brumin e derdhim në tavën e shkrirë të lyer me sheqer. Vendoseni tiganin në një tigan më të madh me 1 inç ujë të vluar.

f) Piqeni për 60 minuta.

92. Krem Katalan

Serbimet: 3

Përbërësit:

- 4 te verdha veze
- 1 kanellë (shop)
- 1 limon (lëkurë)
- 2 lugë niseshte misri
- 1 filxhan sheqer
- 2 gota qumësht
- 3 gota fruta të freskëta (manaferra ose fiq)

Drejtimet:

a) Në një tigan, përzieni të verdhat e vezëve dhe një pjesë të madhe të sheqerit. Përziejini derisa masa të bëhet shkumë dhe e lëmuar.

b) Shtoni shkopin e kanellës me lëkurën e limonit. Bëni një përzierje të plotë.

c) Përzieni niseshtenë e misrit dhe qumështin. Në zjarr të ulët, përzieni derisa masa të trashet.

d) Nxirreni tenxheren nga furra. Lëreni të ftohet për disa minuta.

e) Masën e vendosim në ramekins dhe e lëmë mënjanë.

f) Lëreni mënjanë për të paktën 3 orë në frigorifer.

g) Kur të jetë gati për t'u shërbyer, derdhni sheqerin e mbetur mbi ramekins.

h) Vendosini ramekinet në raftin e poshtëm të bojlerit. Lëreni sheqerin të shkrijë derisa të marrë një ngjyrë kafe të artë.

i) Si garniturë, shërbejeni me fruta.

93. Karamele me arra spanjolle

Porcionet: 1 porcione

Përbërës

- 1 filxhan Qumesht
- 3 gota sheqer kafe të hapur
- 1 lugë gjelle gjalpë
- 1 lugë çaji ekstrakt vanilje
- 1 kile mish arre; i copëtuar

Drejtimet:

a) Zieni qumështin me sheqerin kaf derisa të karamelizohet, më pas shtoni gjalpin dhe thelbin e vaniljes menjëherë përpara se ta shërbeni.

b) Pak para se të hiqni karamele nga zjarri, shtoni arrat.

c) Në një tas të madh përzierjeje, bashkoni tërësisht arrat dhe hidheni përzierjen me lugë në format e përgatitura për kifle.

d) Pritini menjëherë në katrorë me një thikë të mprehtë.

94. Puding me mjaltë

Porcionet: 6 racione

Përbërës

- ¼ filxhan gjalpë pa kripë
- 1½ filxhan qumësht
- 2 vezë të mëdha; i rrahur lehtë
- 6 feta bukë e bardhë fshati; të grisura
- ½ filxhan i pastër; mjaltë i hollë, plus
- 1 lugë gjelle e pastër; mjaltë i hollë
- ½ filxhan ujë të nxehtë; plus
- 1 lugë ujë të nxehtë
- ¼ lugë çaji kanellë të bluar
- ¼ lugë çaji vanilje

Drejtimet:

a) Ngroheni furrën në 350 gradë dhe përdorni pak gjalpë për të lyer me gjalpë një pjatë qelqi 9 inç për byrekun. Rrihni qumështin dhe vezët, më pas shtoni copat e bukës dhe kthejeni që të mbulohen në mënyrë të barabartë.

b) Lëreni bukën të njomet për 15 deri në 20 minuta, duke e kthyer një herë ose dy herë. Në një tigan të madh që nuk ngjit, ngrohni gjalpin e mbetur në zjarr mesatar.

c) Skuqni bukën e njomur në gjalpë derisa të marrë ngjyrë të artë, rreth 2 deri në 3 minuta nga secila anë. Transferoni bukën në enën e pjekjes.

d) Në një tas, bashkoni mjaltin dhe ujin e nxehtë dhe përzieni derisa masa të përzihet në mënyrë të barabartë.

e) Përzieni kanellën dhe vaniljen dhe derdhni përzierjen mbi dhe rreth bukës.

f) Piqni për rreth 30 minuta, ose deri në kafe të artë.

95. Torte qepe spanjolle

Porcionet: 2 racione

Përbërës

- ½ lugë çaji vaj ulliri
- 1 litër qepë spanjolle
- ¼ filxhan Ujë
- ¼ filxhan verë të kuqe
- ¼ lugë çaji rozmarinë e tharë
- 250 gram patate
- 3/16 filxhan jogurt natyral
- ½ lugë gjelle miell i thjeshtë
- ½ vezë
- ¼ filxhan djathë parmixhano
- ⅛ filxhan majdanoz italian i grirë

Drejtimet:

a) Përgatisni qepët spanjolle duke i prerë hollë dhe duke grirë në rende patatet dhe djathin parmixhano.

b) Në një tigan me fund të rëndë, ngrohni vajin. Gatuani, duke i përzier herë pas here, derisa qepët të jenë të buta.

c) Ziejini për 20 minuta, ose derisa lëngu të ketë avulluar dhe qepët të kenë marrë një ngjyrë kafe të errët në të kuqërremtë.

d) Përzieni rozmarinën, patatet, miellin, kosin, vezën dhe djathin parmixhano në një tas. Hidhni në të qepët.

e) Në një enë të lyer mirë 25 cm kundër furrës, shpërndani përbërësit në mënyrë të barabartë. Ngroheni furrën në 200°C dhe piqni për 35-40 minuta, ose derisa të marrin ngjyrë kafe të artë.

f) Dekoroni me majdanoz përpara se ta prisni në copa dhe ta shërbeni.

96. Sufle tigani spanjoll

Serbimet: 1

Përbërës

- 1 Kuti Oriz Kaf i Shpejtë Spanjoll
- 4 vezë
- 4 ons djegës të gjelbër të copëtuar
- 1 gotë Ujë
- 1 filxhan djathë i grirë

Drejtimet:

a) Ndiqni udhëzimet e paketimit për gatimin e përmbajtjes së kutisë.

b) Kur orizi të jetë gati, shtoni përbërësit e mbetur, duke përjashtuar djathin.

c) Spërkateni me djathë të grirë dhe piqni në 325°F për 30-35 minuta.

97. Semifredo me mjaltë të ngrirë

Shërben: 8 racione

Përbërësit

- 8 ons krem të rëndë
- 1 lugë çaji ekstrakt vanilje
- 1/4 lugë çaji ujë trëndafili
- 4 vezë të mëdha
- 4 1/2 ons mjaltë
- 1/4 lugë çaji plus 1/8 lugë çaji kripë kosher
- Mbushje të tilla si fruta të prera, arra të thekura, kakao ose çokollatë të rruar

Drejtimet

a) Ngrohni furrën në 350°F. Rreshtoni një tepsi 9 me 5 inç me mbështjellës plastik ose letër pergamene.

b) Për Semifredo, në tasin e një mikseri të pajisur me një shtojcë kamxhik, rrihni kremin, vaniljen dhe ujin e trëndafilit derisa të bëhet i fortë.

c) Transferoni në një tas ose pjatë të veçantë, mbulojeni dhe ftohuni derisa të jeni gati për t'u përdorur.

d) Në tasin e një mikseri, përzieni vezët, mjaltin dhe kripën. Për t'i përzier, përdorni një shpatull fleksibël për të përzier gjithçka së bashku. Rregulloni nxehtësinë për të mbajtur një zierje të ngadaltë mbi banjën e përgatitur me ujë, duke u siguruar që tasi të mos prekë ujin.

e) Në një legen inox, gatuajeni, rrotulloni dhe gërvishtni rregullisht me një shpatull fleksibël, derisa të ngrohet në 165°F, rreth 10 minuta.

f) Transferojeni përzierjen në një mikser të pajisur me një rrahëse kur të arrijë 165°F. Rrihni vezët lart derisa të bëhen shkumë.

g) Përzieni me lehtësi gjysmën e kremës së rrahur të përgatitur me dorë. Shtoni përbërësit e mbetur, përzieni shpejt dhe më pas paloseni me një shpatull fleksibël derisa të përzihet mirë.

h) Hidheni në tepsi të përgatitur, mbulojeni fort dhe ngrini për 8 orë ose derisa të ngurtësohet mjaftueshëm për t'u prerë në feta, ose derisa temperatura e brendshme të arrijë 0°F.

i) Përmbysni gjysmëfredonin në një pjatë të ftohur për ta shërbyer.

98. Zabaglione

Serbimet: 4

Përbërësit

- 4 te verdha veze
- 1/4 filxhan sheqer
- 1/2 filxhan Marsala verë e thatë ose tjetër e bardhë e thatë
- disa degë menteje të freskët

Drejtimet:

a) Në një legen rezistent ndaj nxehtësisë, përzieni të verdhat dhe sheqerin derisa të zverdhen dhe të shkëlqejnë. Marsala më pas duhet të futet brenda.

b) Sillni një tenxhere mesatare të mbushur përgjysmë me ujë në një valë të ulët. Filloni të rrahni përzierjen e vezëve/verës në tasin rezistent ndaj nxehtësisë sipër tenxheres.

c) Vazhdoni të rrihni për 10 minuta me rrahës elektrik (ose një kamxhik) mbi ujë të nxehtë.

d) Përdorni një termometër me lexim të menjëhershëm për të siguruar që përzierja të arrijë 160°F gjatë periudhës së gatimit.

e) Hiqeni nga zjarri dhe vendosni zabaglione mbi frutat e përgatitura, duke e zbukuruar me gjethe të freskëta nenexhiku.

f) Zabaglione shërbehet po aq e shijshme mbi akulloren ose më vete.

99. Qepë sumaku

Bën rreth 2 gota

Përbërës

- 1 qepë e kuqe, e përgjysmuar dhe e prerë në fund të rrënjës në copa $\frac{1}{4}$ inç
- 2 lugë gjelle lëng limoni
- 2 lugë gjelle uthull vere të kuqe
- 1 lugë gjelle vaj ulliri ekstra të virgjër
- 1 lugë sumak i bluar
- $\frac{1}{2}$ lugë çaji sheqer
- $\frac{1}{4}$ lugë çaji kripë tryezë

Drejtimet:

a) Kombinoni të gjithë përbërësit në një tas.

b) Lëreni të qëndrojë duke e përzier herë pas here për 1 orë. (Qepët mund të ruhen në frigorifer deri në 1 javë).

100. Zhug jeshil

Bën rreth ½ filxhan

Përbërës

- 6 lugë vaj ulliri ekstra të virgjër
- ½ lugë çaji koriandër të bluar
- ¼ lugë çaji qimnon i bluar
- ¼ lugë çaji kardamom i bluar
- ¼ lugë çaji kripë tryezë
- Pini karafil të bluar
- ¾ filxhan gjethe të freskëta cilantro
- ½ filxhan gjethe të freskëta majdanozi
- 2 speca djegës tajlandez jeshil, me bisht dhe të copëtuar
- 2 thelpinj hudhre, te grira

Drejtimet:

a) Vaj mikrovalë, koriandër, qimnon, kardamom, kripë dhe karafil në një tas të mbuluar derisa të marrin aromë, rreth 30 sekonda; lëreni të ftohet plotësisht.

b) Hidhni përzierjen e vajit-erëzave, cilantron, majdanozin, djegësin dhe hudhrën në përpunuesin e ushqimit derisa të formohet një pastë e trashë, rreth 15 bishtaja, duke gërvishtur anët e tasit sipas nevojës.

PËRFUNDIM

Gatimi i zonës mesdhetare nuk duhet ngatërruar me dietën mesdhetare, e bërë popullore për shkak të përfitimeve shëndetësore të dukshme të një diete të pasur me vaj ulliri, grurë dhe drithëra të tjera, fruta, perime dhe një sasi të caktuar ushqimesh deti, por të ulëta. në mish dhe produkte të qumështit.

Kuzhina mesdhetare përfshin mënyrat se si trajtohen këta dhe përbërës të tjerë, përfshirë mishin, në kuzhinë, pavarësisht nëse janë të shëndetshëm apo jo.

Jeni të interesuar të provoni dietën mesdhetare? Filloni me këto këshilla:

A. Ndërtoni vakte rreth perimeve, fasuleve dhe drithërave të plota.

B. Hani peshk të paktën dy herë në javë.

C. Përdorni vaj ulliri në vend të gjalpit në përgatitjen e ushqimit.

www.ingramcontent.com/pod-product-compliance
Lightning Source LLC
Chambersburg PA
CBHW070640120526
44590CB00013BA/800